Originalausgabe

*Verlag: BoD · Books on Demand GmbH, Überseering 33,
22297 Hamburg, bod@bod.de
Druck: Libri Plureos GmbH, Friedensallee 273, 22763 Hamburg
ISBN: 978-3-8192-1191-1*

Wie macht man Frieden?

Eine Betriebsanleitung für den Frieden

Eine bekannte Statistik hat die Tage berechnet, an denen nirgendwo auf der Erde in den letzten Jahrhunderten Krieg gewesen ist. Die Zahl war erschreckend klein. Das ist traurig, denn es heißt immer, dass Menschen ermordet worden sind. Das Abstruse an den scheinbar permanenten Kriegen der Erde ist, dass die meisten Menschen gar keinen Krieg wollen. Dennoch gehen sie hin.

Wir hier in Europa hatten die Realität des Krieges fast schon aus unserem Bewusstsein gestrichen. Dann kam er mit dem Vorschlaghammer zurück. Er kam nicht allein. Er hatte die Inflation im Schlepptau. Leider kam er zur falschen Zeit. Denn er kam kurz nach dem Ende der Corona-Krise, als wir noch alle unsere Wunden leckten von den Lockdowns und den kranken Diskussionen über die Impfungen.

Die Welt kommt nicht zur Ruhe. Vielleicht kommt sie das nie. Denn zu dem Übel des Krieges kommt noch der Klimawandel hinzu. Enorme Waldbrände, Überschwemmungen und der Plastikabfall auf den Ozeanen sind nur ein paar Auswüchse dieser menschengemachten Katastrophe. Wir müssen also gleich mehrere Krisen lösen, falls wir uns retten wollen. Ich halte das für nicht zielführend. Ich glaube ernsthaft, es reicht, wenn wir uns auf ein Problem konzentrieren und wenn das gelingt, wird es einen so positiven Effekt haben, dass daraus auch die Energie dieser Bewegung die anderen Probleme löst.

Was ist dieses Problem? Es ist der Frieden. Vielleicht werden einige sagen, dass es nicht ausreicht, dass wir einfach aufhören, gegeneinander zu kämpfen. Wer das glaubt, hat nicht verstanden, was Frieden ist. Denn Frieden ist mehr als das Einstellen der Kämpfe. Im Grunde ist das nur ein Waffenstillstand. Das ist sicher eine notwendige Voraussetzung, aber keine hinreichende. Frieden ist mehr als nur das Ende des Mordens. Weil zu viele, das noch nicht verstehen, funktioniert es mit dem Frieden immer noch nicht.

Krieg funktioniert wie die Wellen, die entstehen, wenn ich einen Stein ins Wasser werfe. Der Stein ist wie der Einschlag einer Bombe. Mit dem Einschlag der Bombe endet es nicht. Selbst wenn der Rauch verdampft und der Staub wieder zu Boden gerieselt ist, ist es nicht zu Ende. Man hört noch die Schreie der Verletzten. Dann werden die Toten geborgen und den trauernden

Angehörigen wird mitgeteilt, dass ihre Familienmitglieder brutal ermordet wurden. Denn auch das ist eine Welle der Bombe: Das emotionale Leid der Angehörigen lebt noch viele Jahrzehnte weiter.

Die Wellen des Krieges reichen weiter als der eigentliche Kriegsschauplatz. Wir merken das derzeit. Der Krieg in der Ukraine ist weit weg und dennoch ist er direkt hier. Das beginnt damit, dass uns immer wieder im russischen Staatsfernsehen von Demagogen gedroht wird, Deutschland zu attackieren. Das beginnt mit dem Wunsch, sich unser Ostdeutschland, unsere Nachbarn Polen und die baltischen Staaten wieder einzuverleiben. Es geht weiter mit der Drohung, wie weit die russischen Raketen reichen, und endet mit den Übungen mit den atomaren Sprengköpfen. Natürlich müssen wir uns in diesem Zusammenhang auch an die Giftmorde auf europäischem Boden erinnern, die von russischen Agenten ausgeführt wurden.

Die Wellen des Krieges schlagen hoch. Wir alle spüren diese Wellen. Sie verändern unsere gesamte Gesellschaft. Unsere Debatten sind nicht mehr dieselben wie vor dem Krieg. Wir sind nicht mehr dieselben. Denn das Gefühl, wie nah der Krieg ist, wirkt sich auf uns fundamental aus. Es wirkt sich auf unsere Gedanken und Träume aus. Das wird zu Stress und wirkt sich dann auch auf unseren Körper aus. So erzeugt der Krieg in einem fernen Land Leid in uns.

Wir brauchen den Frieden, um psychisch gesund zu bleiben. Wenn ich den jahrzehntelangen Krieg im Nahen Osten zwischen Arabern und Juden sehe, dann bereitet mir das Bauchschmerzen. Wenn dann dieser Krieg auch zu Extremismus hier bei uns führt, etwa in dem die UnterstützerInnen der palästinensischen Araber jüdische Geschäfte und Wohnungen mit Sternen beschmieren, genau wie es die Nazis im Dritten Reich getan haben, dann wird deutlich wie gefährlich ferne Kriege für die Stabilität unserer Demokratie sind.

Ob wir wollen oder nicht, der Krieg beeinflusst uns. Selbst wenn er tausende Kilometer weit entfernt ist, treffen uns seine Wellen. Sein es die Flüchtlinge, die schwer traumatisiert, bei uns Messerattacken gegen Zivilisten verüben oder die Inflation. Das führt natürlich zu der Frage: Warum so wenige etwas gegen den Krieg tun? Es gibt mehrere Antworten auf die Frage; eine davon ist die Erkenntnis, dass sich

viele der Auswirkungen der Kriege auf
ihr tägliches Leben bisher gar nicht
bewusst sind. So erzeugt der Krieg in
ihrem Leben Probleme, Ängste und Sorgen
und sie merken es nicht. Das müssen wir
ändern!

2

Solange wir nur berauscht von den
Oberflächlichkeiten leben, solange
kriegen wir nicht mit, was in uns und
um uns herum genau passiert. Das klingt
wie eine Binsenweisheit. Jeder Mensch
weiß, dass er die Dinge nur halb
mitkriegt, wenn er abgelenkt wird.
Dennoch hat dieses Verhalten in den
letzten Jahren massiv zugenommen. Klar
ist dafür vor allem das Internet mit
seinen vielen Social-Media-Plattformen
verantwortlich. Auch wenn wir Menschen
die Schuld nicht auf andere abwälzen
sollten, so bleibt diese Ablenkung eine
der Hauptursache. Nur, wenn wir uns auf
den Frieden konzentrieren, wird er
stabil.
Wir haben leider aufgehört, uns zu
spüren. Wir beschallen und bestrahlen
uns pausenlos mit Medieninhalten. Das
stumpft ab. Was hat das mit Frieden zu

tun? Sehr, sehr viel! Jemand, der hoch reflektiert und geistig klar ist, wird nicht nur weniger den Krieg promoten. Er oder sie sind sich auch ihrer Handlungen bewusster und tragen dadurch zu einem sehr viel friedlicheren Gemeinschaftsgefühl bei.

Was ist die Welt anderes, als die Summe der Handlungen der Individuen zuzüglich der daraus entstehenden Interaktionen? Die Antwort kennen wir alle. Es macht uns zugleich zu einem Rädchen im Weltgetriebe. Als auch zu einer extrem mächtigen Person; denn alles, was wir tun, wirkt sich auf die ganze Welt aus. Das gibt uns zum einen die Verantwortung für die Welt und die Menschen, die wir lieben. Es zeigt uns aber auch, dass wir nur eine Ameise im Ameisenhaufen sind.

Wenn wir beginnen zu verstehen, wie sehr die Kriege der Erde sich auf uns und unsere Nachbarschaft auswirken, dann beginnen wir, uns mit neuen Augen zu sehen. Um wie viel anders wären wir Menschen, wenn es die Kriege nie gegeben hätte und auch keiner von uns jemals direkt oder indirekt von den Auswirkungen eines Krieges beeinflusst worden wäre? Dass wir im Paradies auf Erden leben würden, scheint die einzig logische Antwort zu sein.

Derzeit fällt es uns leicht zu verstehen, wie sehr der Krieg in einem anderen Land uns beeinflusst. Wir haben alle noch die Zeit vor dem Ukrainekrieg in Erinnerung. Das Besondere an dieser Zeit war, dass die Mehrheit der Europäer geglaubt hatte, dass wir das Zeitalter der Kriege überwunden hätten. Diese Sicht, die mehr ein kollektives Gefühl war, war extrem weit verbreitet. Heute ist das nur noch eine fahle Erinnerung, die niemand mehr glauben könnte. Zeiten ändern sich, sagt ein Sprichwort. Wir haben es gespürt, dabei liegt immer noch Polen wie ein Puffer zwischen uns und dem Krieg.

Keiner von uns will, dass die Welt untergeht. Doch sind wir feinfühlig genug, um zu verstehen, was die Dinge sind, die zum Frieden führen? Das klingt zu einfach, um wahr zu sein. Aber es stimmt. Die Augen sehen und die Ohren hören. Aber was sehen sie wirklich? Sehen sie, was da ist oder das, was die Filter unseres mentalen Apparates uns sehen lassen? Sind wir dazu verdammt, niemals Einsicht zu erlangen, aus der heraus wir die Wahrheit endlich sehen können?

Es beginnt immer mit dem Wunsch, ein

Ziel einschlagen zu wollen oder mit einem Traum. Wir sollten vom Frieden träumen. Ein Traum besteht erstmal nur aus Gefühlen und inneren Bildern. Das klingt nach nichts Handfestem. Aber in Wahrheit ist es alles, was wir brauchen. Unser Traum hat mehr Gewicht als das Gehalt auf unserem Konto. Das ist keine Floskel. Es ist historische Wahrheit. Die Geschichtsbücher sind voll mit Menschen, die ihre Träume wahr gemacht haben.

Der Weg zum Frieden beginnt mit einem Gefühl. Wir müssen den Frieden fühlen. Er ist spürbar. Er war immer spürbar, selbst in den dunkelsten Zeiten war er es. Deutschland ist das beste Beispiel. Wer hätte geglaubt, dass es nach den schrecklichen Kriegszeiten im Dritten Reich und den zwei Weltkriegen jemals wieder Frieden in einem vereinten Deutschland geben wird? Aber es gibt diesen Frieden. Wir sind die Zeugen dieses Friedens.

3

Derzeit ist Wahlkampf im Land. Überall hängen Plakate. Die Medien sind voller fieser, politischer Schlammschlachten.

In Europa tobt der Krieg. Darüber wird diskutiert, aber noch mehr über die Gewalt, welche von muslimischen Flüchtlingen ausgeht. Die echten Probleme werden kaum besprochen. Alles ist emotional aufgeladen. Tiefe Kenntnisse über die ökonomische, soziale und ökologische Realität sind nicht nur unter dem Wahlvolk, sondern auch unter den zu Wählenden Mangelware.

Das Schlimme ist das Abstruse. Wir haben heute Friedensdemonstrationen, auf denen sie schwarz-weiß-rote Reichskriegsflaggen tragen. Leider sind solche Widersprüche zur Regel geworden. Es ist heute schwerer, die Parteien anhand ihrer alten Werte zu verstehen. Sie drehen sich wie Fahnen im Wind. Am Ende wird es in den Medien ausgetragen. Und der Ton wird rauer.

Niemand wundert sich, dass es mit der Stabilität der Demokratie bergab geht. Leider werden auch das Friedenslicht kleiner und die Krisenherde größer. Die Kriege und militärischen Scharmützel explodieren in den letzten Jahren. Das, was da noch kommen könnte, ist so dramatisch, dass es uns wirklich für Jahrzehnte in den Kalten Krieg zurückwerfen könnte. Manche glauben schon, die Fanfaren des großen Dritten zu hören.

Wie kann man in diesem Dschungel noch den Frieden sehen? Es geht ums Geld, und zwar nicht im Sinn wirtschaftlichen Aufschwungs, der allen zugute kommt. Es geht um Ideologien und neuerdings auch wieder um altertümliche, religiöse Konzepte wie den Islamismus. Wer schafft es da noch, das Licht zu sehen?

Wenn wir das Licht nicht mehr sehen, dann müssen wir uns eine Kerze kaufen und ein Licht entzünden. Es gibt in der Geschichte große Männer und Frauen, die zu hellen Feuern des Friedens geworden sind. Jeder von uns kennt sie. Was viele vergessen, ist, dass diese großen Friedenslichter einst auch nur kleine Lichter waren. Wenn wir also den Frieden nicht mehr sehen können, dann müssen wir zum Frieden werden, damit die anderen in uns den Frieden sehen können.

An manchen Orten ist es finster. In dem Russland dieser Tage kann man für Jahre im Gefängnis verschwinden, wenn man sich für den Frieden einsetzt und lautstark ein Ende des Krieges fordert. Das Verrückte ist das Verbot, den Krieg in der Ukraine überhaupt als Krieg bezeichnen zu dürfen. Das ist meines Wissens etwas Neues in der

Geschichte. Frühere Diktatoren wie Hitler haben ganz unverblümt vom Krieg gesprochen und ihn als höchstes Ziel gepriesen.

Der Krieg ist seit Jahrtausenden Teil unserer menschlichen Welt. Dennoch dürfen wir fragen, ob eine Zeit ohne Krieg auf Erden kommen wird ? Was nicht ist, kann ja noch werden. Denn rein hypothetisch muss der Weltfrieden möglich sein. Mag die heutige politische Landschaft auch unfähig sein, einen stabilen globalen Frieden aufzubauen. Eine zukünftige Generation von Politikern und Politikerinnen könnte fähiger sein. Das ist heute nur ein Traum. Aber dieser Traum kann wahr werden!

Politik ist leider ein wesentliches Element, um den Frieden zu erschaffen. Wahrscheinlich sind die Akteure der Politik einer der Hauptgründe, warum wir bisher keinen stabilen Frieden auf der Erde haben. Das lässt sich auf zwei Gründe zurückführen. Zum Ersten ist da die Korruption. Sie prägt die Politik. Auch in den Ländern der EU treibt sie unter der Oberfläche ihr Unwesen. Egal, was engagierte Menschen probieren, um die Welt besser zu machen. Korrupte Politiker verkaufen ihre Stimmen und werfen allen prosozialen Initiativen Knüppel zwischen die Beine.

Der zweite Grund sind die miesen Ideale vieler Politiker. Ob das Rassismus oder Standesdünkel sind, ist letztendlich egal. Sie sind wie Filter, die sich über den Geist legen und alles verzerren. Es ist quasi unmöglich, mit ihnen langfristig die richtigen Entscheidungen zu treffen. Wer glaubt, dass Frauen von Natur aus dumm und ungebildet sind, wird ihnen kaum ernsthaft zuhören. Wenn dann eine Frau die beste Lösung für ein Problem sucht, wird sie einfach kein Gehör finden. Das ist nicht nur tragisch, es ist desaströs. Doch leider funktioniert die Weltpolitik so.

Putin und Goebbels sind zwei krasse Beispiele für Politiker, die den Hass zu ihrem Credo gemacht haben. Ihr Ziel war nicht der Frieden. Ihr Ziel war Krieg als Instrument der Eroberung. Ihnen ist und war egal, was mit ihrem Volk passiert. Solche Politiker sind es nicht, die in die Fahrerkabinen der Panzer oder die Schützengräben klettern und sterben. Solche Politiker leben in ihren Villen und gucken sich auf Karten an, wie sich die Fronten verschieben. Während ihnen der Butler den Rum oder

Schnaps serviert, sterben Männer im Feld wegen ihrer kranken Ideologien.

Politik ist sehr unbeliebt. Keiner mag die Politiker. Wir alle kennen die Gründe. Wir fühlen uns alle regelmäßig verarscht. Ob das wegen der Inhärenz des politischen Systems oder der Taten einiger korrupter Cliquen ist, bleibt irrelevant. Leider kommen wir an der Politik nicht vorbei, wenn wir den Frieden wollen.

Politik ist langweilig. Politik ist gefährlich. Politik ist so viel mehr und dennoch ist es am Ende sehr harte Arbeit. Für uns, die wir den Frieden wollen, führt kein Weg am politischen Geschäft vorbei. Das ist nicht so leicht, denn dieses Geschäft ist schmutzig. Aber wer wirklich den Frieden schaffen will, muss sich durch die politischen Institutionen nach oben kämpfen.

4

Was ist Frieden? Die Antwort scheint einfach. Er ist die Abwesenheit von Krieg. Das ist simpel, eingängig und leicht verständlich. Kein gesunder Mensch will Krieg, also ist Frieden die bessere Alternative. Klingt simpel, erfasst aber nicht ansatzweise die umfassende Wahrheit, die sich hinter dem Begriff des Friedens verbirgt.

Frieden ist mehr als die Abwesenheit von Krieg. Klar wollen wir ein Ende der Kämpfe. Wir brauchen keine weiteren Krisenherde. Leider warten schon die nächsten darauf, zu explodieren. Die Waffen sollen schweigen und das Morden muss aufhören. Diese Welt hat genug vom Krieg. Seit über tausend Jahren peinigt uns der Krieg, zerstört Städte, vergewaltigt Frauen und Kinder, verschmutzt die Natur und stiehlt alles, was er will.

Frieden ist mehr als das Ende der Kämpfe. Frieden ist Harmonie. Er ist die Freiheit und beinhaltet auch das Recht, pausenlos zu meckern, wie es gerade in unserem Land große Mode geworden ist. Das versteht man allerdings erst, wenn man mal in einem Land war, wo es nicht erlaubt ist, offen seine Meinung über die Regierung zu sagen. In vielen Ländern verschwinden die Leute einfach, wenn sie das tun, auch wenn in diesen Ländern offiziell Frieden herrscht. Wo offiziell Frieden draufsteht, muss längst noch kein Frieden drin sein. In

der DDR war schließlich auch keine
Demokratie drin, obwohl sie das
behauptet haben. Wenn die Opposition
nicht frei ist, kann wohl weder Frieden
noch Demokratie drinstecken.

Gewaltfrei, reich und geistig reif;
das wären drei Aspekte jeden Friedens.
Reichen diese Aspekte aus? Definitiv
nicht. Das müssen wir uns bewusst
machen. Obwohl Frieden immer die
Abwesenheit von Krieg ist, ist er mehr.
Obwohl Frieden Sicherheit und Wohlstand
beinhaltet, ist er mehr. Mir ist
bewusst, dass es dann schwierig wird,
den Frieden exakt zu definieren. Aber
das ist es nur solange, ehe wir nicht
akzeptieren, dass es mehrere Level des
Friedens gibt. Level meint hier die
Höhe der Manifestation des Friedens.

Ich denke, es ist jedem klar, dass ein
wackliger Waffenstillstand, der de
facto auch eine Form von Frieden ist,
potenziell unsicher ist. Demgegenüber
steht ein stabiler Frieden mit sicherer
sozialer Absicherung, einer Union mit
den Nachbarstaaten, einer florierenden
Wirtschaft, echter Demokratie und hohem
Bildungsniveau. Beide Szenarien sind
eine Form von Frieden. Dennoch sind sie
extrem verschieden.

Immer ist der Frieden verschieden von

Krieg. Das gilt für alle Level des Friedens. Deshalb lässt sich der Frieden klar als Freiheit von Krieg definieren. Das ist jedoch nur eine basale Definition. Sie ist unumstößlich und umfasst den Frieden in seinen Grenzen. Zugleich beschreibt es nicht die Schönheit des Friedens. Erst damit wird der Frieden zu einem fließenden Begriff. Zwar hat er ganz klare Grenzen. Dennoch lässt sich die Reinheit des Friedens massiv steigern.

Wir definieren den Frieden als Gegensatz zum Krieg in erster Instanz. In zweiter Instanz ist Frieden die Garantie auf Rechtssicherheit, freie Meinungsäußerung, demokratische Wahlen und natürlich die internationalen Friedensverträge.

Mit einer dritten Instanz geht es um ein geistiges, reflexives Niveau. Definitiv schließt dieses Level die vorhergegangenen Merkmale mit ein. Dennoch ist es ein entscheidender Kulminationspunkt. Denn vorher ist Frieden immer eine Art Glücksspiel. Deshalb ist er so selten und fragil. Zwar wollen alle den Frieden, aber es fehlt die geistige Bewegung und intellektuelle Reife. Der Frieden ist dort oft ein Ergebnis nach dramatischen

Erfahrungen und sozialen Ängsten. Der europäische Frieden nach dem Zweiten Weltkrieg war ein solches Produkt. Nach den grausamen Erfahrungen des Weltkriegs war der Frieden die einzige Option. Denn niemand wollte jemals wieder den Krieg erleben. Auch dass der Kalte Krieg so kalt war, lässt sich darauf zurückführen. Denn keine der Seiten wollte zu diesem Terror zurück.

Solange der Frieden nur das Ergebnis aus traumatischen Erfahrungen ist, bleibt er fragil. Denn wir Menschen sind sehr vergesslich. Zudem wird die kollektive Erinnerung mit jeder Generation schwächer und verzerrter. Einer Reduzierung der Erinnerung könnte man relativ leicht entgegenwirken. Aber die Verzerrung ist ein großes Problem. Dazu zählt auch der ideologische Missbrauch durch alle möglichen Parteien.

Als drittes Level nenne ich hier die geistige Reife. Das beziehe ich nicht auf einzelne Individuen, sondern auf die kollektive Reife. Denn es bringt nichts, wenn wir Einzelne haben, die hochintelligent und reflektiert sind, aber die Mehrheit Stroh im Kopf hat. Nur wenn es gesellschaftlich zu einer echten geistigen Reife kommt, kann sich dies positiv auf den Frieden auswirken.

Erst wenn das gelingt, kann Frieden aus den sozialen Interaktionen direkt entstehen, und zwar stabil und dauerhaft. Jeder will den Frieden, der geistig gesund ist, und dennoch ist nicht jeder fähig, durch sein Handeln und Reden zum Frieden beizutragen. Das ist überhaupt nicht diskreditierend gemeint. Es beschreibt einfach nur den realen Zustand. Denn Frieden in seiner fortgeschrittenen Form ist ein kulturell anspruchsvolles Kulturgut.

Ehe wir uns dieses dritte Level genauer ansehen, stellen wir uns die Frage, ob es noch höhere Level des Friedens gibt? An anderer Stelle habe ich diese Frage bereits eindeutig beantwortet und bejaht. Wer dazu mehr wissen will, soll es sich durchlesen. Natürlich gibt es höhere Stufen des Friedens, aber das Besondere ist, dass ab diesem Level der Frieden stabil wird. Darum konzentrieren wir uns an dieser Stelle auf dieses dritte Friedensniveau.

Solange der Frieden nur eine Reaktion auf den Krieg ist, kann er nicht stabil sein. Denn er bleibt eine Reaktion, die sich aus etwas Gegensätzlichem bedingt und deshalb instabil ist. Erst wenn der

Frieden auf breiter Basis aus den Gedanken der Menschen entsteht, wird er stabil. Das ist das Ziel. Für alle, die wirklich wollen, dass der Frieden endlich zu einem Dauerzustand wird, muss das der klare Weg sein.

Wie gesagt, reicht es nicht, dass einige Grüppchen den Frieden zu ihrem Lebensideal erklären, aber die breite Masse nicht. Das beschreibt den heutigen Zustand unserer Gesellschaft. Es gibt sie; die Menschen, die sich nur für Frieden interessieren und ihr ganzes Leben darauf ausrichten. Es sind wenige, aber sie sind da. Am Ende sind sie wie Oasen in der Wüste. Damit will ich nicht sagen, dass die übrigen Menschen schlecht sind und den Krieg wollen.

Kaum jemand will den Krieg. Die Menschen, die bisher nicht bewusst ihr ganzes Leben dem Frieden widmen, wollen meist nur ein entspanntes und glückliches Leben führen. Daran ist nichts Schlimmes. Sie wollen Spaß haben, einen coolen Job haben, ihren Familien etwas bieten und das Leben genießen. Wie könnte ich dagegen etwas haben? Ich habe nichts dagegen und dennoch sage ich, dass dieser Weg kurzsichtig ist. Denn wie lange lässt sich so ein Lebensweg gehen, ehe der Krieg oder vergleichbare Ereignisse alles zerstören?

Leider zeigt uns der Ukrainekrieg die knallharte Wahrheit. Wir sind nicht vorm Krieg sicher. Mehrmals haben die führenden russischen Propagandisten darüber geschwafelt, dass wieder Panzer nach Berlin rollen und Raketen fliegen sollen. Das geschah im öffentlichen Fernsehen. Wir erleben, dass unsere politischen Eliten gefühlt fast nichts dagegen tun, sondern stillschweigend akzeptieren, dass unsere Heimat bedroht wird.

Ein zweiter Grund ist die importierte Gewalt durch Ausländer und Flüchtlinge. Natürlich sind neunzig Prozent der Ausländer und Flüchtlinge anständig. Aber es gibt auch die zehn Prozent, die eine Gefahr für jede Zivilgesellschaft sind. Wir sehen es in Schweden. Das Land war noch vor einiger Zeit bekannt für seine offene, friedliche und sichere Gesellschaft. Dann begann der kriminelle Straßenterror durch muslimische Einwanderer. Heute ist Schweden zu einem Land mit hoher Mordrate aufgestiegen. Ähnliches sehen wir in Deutschland an der Messergewalt. Diese wurde von dieser sozialen Gruppe ausgelöst und sie bedingt leider viele Angriffe und Opfer. Außerdem verhilft sie extremistischen Parteien zu mehr Wählerstimmen.

Stellen wir uns einen Familienvater vor. Er ist ein netter Typ, ziemlich chaotisch, aber sehr herzlich. Er arbeitet hart, nimmt sich jedoch genug Zeit für seine Familie. Nach einem langen Arbeitstag geht er durch den Park zurück nach Hause. In einer Untertunnelung läuft er an einer Gruppe junger Männer vorbei. Sie pöbeln ihn an. Er reagiert nicht, weil er keine Lust auf Streit hat. Doch die Männer wollen sich profilieren und verstellen ihm den Weg. Schließlich rutscht ihm doch eine Beleidigung raus und ein Wort gibt das andere. Dann blitzt eine Messerklinge auf und im nächsten Moment ist der Familienvater tot. Solche Vorfälle sind keine Fantasie.

Sie geschehen in Schweden, weil die Migration außer Kontrolle geraten ist. Bandengewalt muslimischer Männer und Messeranschläge in Deutschland sind ein Zeichen dafür, wie labil der Frieden ist. Das ist das zweite Level.

In Deutschland und Schweden herrscht Frieden. Es ist nicht einfach nur ein fragiler Waffenstillstand. Aber dieser

Frieden ist nicht besonders stabil. Zwar erscheint es uns so, dass er seit siebzig Jahren stabil ist. Doch das stimmt aus zwei Gründen nicht. Zum Ersten befanden wir uns einen Großteil dieser Zeit im Kalten Krieg. Zum Zweiten wissen wir heute, dass die Feinde des Friedens einfach noch nicht stark genug waren oder erst innere Probleme lösen mussten, ehe sie uns wieder angreifen konnten. Das sind derzeit vor allem der Kommunismus, der Faschismus und der monotheistische Fundamentalismus, mit der Anmerkung, dass der christlich-monotheistische Fundamentalismus eines der zentralen Merkmale der drei Reiche auf deutschem Boden und damit auch eine Hauptursache für den Zweiten Weltkriegs war.

Können wir ruhig schlafen, solange der Frieden instabil ist? Nein, nein und nochmals nein. Wir sollten keine Nacht ruhig einschlafen, solange die Kriegsgefahr latent wie das Schwert des Damokles über unseren Köpfen schwebt. Wir müssen also einen Weg finden, mindestens auf das dritte Level zu gelangen, denn erst auf diesem dritten Level wird der Frieden stabil und somit sicher.

5

Wir haben definiert, dass der Frieden mehr als die Abwesenheit von Krieg ist. Ein echter Frieden ist es, wenn er stabil ist. Deshalb habe ich drei Level beschrieben, die man erreichen muss, um einen stabilen Friedenszustand zu manifestieren. Zweifelsfrei habe ich ergänzt, dass es noch höhere Formen von Frieden gibt als diese drei Level. Das ist wichtig und zugleich reicht es, das dritte Level zu erreichen, um sich des Friedens sicher sein zu können.

Was ist mehr als die Abwesenheit von Krieg? Es ist das, was entsteht, wenn die Angst verflogen ist. Für uns in Deutschland ist das sehr schwer nachzuvollziehen. Wer nicht weiß, wovon ich rede, hat wohl noch nie von der German-Angst gehört. Vielen gilt dieses Phänomen als Hauptcharakterzug der Deutschen. Wer sich länger damit beschäftigt, dem wird klar, dass die German-Angst mehr Triebkraft für die beiden Weltkriege war als der Hass und die Mordlust. Wir hatten Angst, unseren Platz an der Sonne zu verpassen. Deshalb wollten wir außerkontinentale Kolonien, obwohl historisch bisher (leider) nur der Binnenkolonialismus erfolgreich war. Wir hatten Angst, weil das jüdische Blut angeblich unser deutsch-arisches Blut (kranke Idee!) verseuchen könnte.

Angst treibt die Deutschen an. Das heißt nicht, andere Völker hätten keine Angst. Bei uns ist sie nur stärker ausgeprägt. Stärker scheint leider eine Untertreibung zu sein. Wir Deutschen sind überdurchschnittlich ängstlich. Das führt dazu, dass wir in der Reaktion häufig übertreiben. Es ist wie bei einem Gärtner, der bei ein bisschen Unkraut gleich die riesige Chemokeule rausholt, womit er seine ganze Saat verseucht.

In einem akademischen Essay habe ich gelesen, was die Ursache für die German Angst ist. Der Autor hatte sich tief in das Thema eingearbeitet. Er hat sowohl empirische als auch historische Quellen gesichtet und er hat sich durch die Forschungsliteratur gegraben. Sein Fazit hat mich überzeugt. Seiner Meinung nach ist der Dreißigjährige Krieg die Ursache für die starke Angstdisposition im deutschen Volk.

Was war der Dreißigjährige Krieg? Nun, zuerst einmal ist es ein theoretisches Konglomerat mehrerer langjähriger Ereignisse. Er fand im Mittelalter statt und es ging um die Vorherrschaft verschiedener christlicher Sekten über das deutsche Volk. Jede der Sekten war natürlich der Meinung, als einzige die Deutschen beherrschen zu dürfen. Leider hatten sie es mithilfe der Propaganda – ein Begriff, der in dieser Zeit entstanden ist – geschafft, genug Menschen zu mobilisieren, damit sie sich gegenseitig im Namen ihrer Sekten umbrachten.

Hochgerechnet soll jeder dritte deutsche Mensch in dieser Zeit als Folge des Dreißigjährigen Krieges gestorben sein. Auch wenn das Volk damals kleiner war, ist die Anzahl erschreckend groß. Zum Vergleich: Im Zweiten Weltkrieg ist nur ca. jeder zehnte Deutsche draufgegangen. Beides sind natürlich grausame Zahlen. Damit will ich die Opfer anderer sozialer Gruppen nicht ignorieren. Ich betone das nur, um den Grund für die Urangst der Deutschen aufzuzeigen.

Solange es einen Grund für Angst gibt, wird die Angst uns Deutsche hemmen. Solange der Frieden nicht stabil ist, gibt es einen Grund für Angst. D.h. solange wir nicht eine Gesellschaft etablieren, die dem entspricht, was ich als das dritte Level des Friedens beschrieben haben, solange wird uns die unterschwellige Angst quälen.

Soziale Absicherung ist eine Form von Frieden, die zum dritten Level führt. Denn Menschen, die wissen, dass sie selbst im Falle des persönlichen und ökonomischen Versagens nicht in die prekäre Armut abrutschen, sind einfach friedlicher. Solche Systeme können natürlich ausgenutzt werden, wie wir es in Mittel- und Nordeuropa häufig erleben. Dennoch sind sie ein guter Baustein für eine Gesellschaftsordnung, aus deren Mitte heraus eine reflektierte Reife für die Geburt eines wirklich stabilen Friedens entsteht.

Wir Menschen wollen Frieden und wir Menschen können Frieden. Dass wir es bisher nicht geschafft haben, liegt an den fehlenden Rahmenbedingungen. Es beginnt bei den schlechten sozialen Absicherungen und endet bei medialen Subkulturen, welche sich darauf spezialisiert haben, Kinder und Jugendliche zu manipulieren, um deren Aggressivität zu steigern. Zwischen diesen beiden Punkten liegen noch viele weitere Ursachen, wie wir soziale Zustände produzieren, die den Frieden destabilisieren.

Bildung ist ein weiterer Baustein.

Möglicherweise ist er einer der Wichtigsten. Denn woher soll die Erkenntnis und die Fähigkeit zum Frieden kommen? Sie ist ein geistiges Produkt. Wir dürfen uns da keine falschen Vorstellungen machen. Was wir Frieden nennen, ist etwas Geistiges. Es geschieht auf der kognitiv-emotionalen Ebene. Natürlich geht es beim Frieden um die Sicherheit auf der physischen Ebene. Aber der Auslöser dafür sind die Prozesse innerhalb der Kultur und die ist das Resultat geistiger Prozesse.

Würde sich automatisch der Frieden und die Freiheit auf hohem Niveau stabilisieren, wenn nur die sozio-ökonomischen Rahmenbedingungen stimmen? Absolut nicht. Nicht einmal ein sehr hoher Bildungsgrad reicht dafür. Denn wir haben und hatten Staaten mit einer sehr gebildeten Bevölkerung und dennoch waren sie militärisch sehr aggressiv. Bezogen auf den Frieden ist Bildung nicht gleich Bildung. Dennoch ist Bildung sowohl eine Grundvoraussetzung für den Frieden, als auch auch ein Kennzeichen für den Frieden.

Der Zugang zu Bildung ist ein Kennzeichen für den Frieden. Für uns wirkt es selbstverständlich. Wir gehen in die Schule. Wenn wir etwas wissen wollen, nehmen wir das Handy und fragen Google oder einen Chatbot. Wir haben überall Zugang zu Bildung, Wissen und Informationen. Aber in anderen Teilen der Welt und vor allem für gewisse Bevölkerungsteile ist der Zugang zu Bildung und Informationen stark eingeschränkt. Gerade erleben wir, wie der Zugang zu Bildung für Frauen in Afghanistan massiv eingeschränkt wird.

Wie sehr Frauen benachteiligt sind, wissen wir alle. Das gab es bei uns früher und auf anderen Kontinenten ist es bis heute die Regel. Das Beispiel Afghanistan zeigt, dass sich Uhren auch zurückdrehen können. Wir hier in Deutschland sollten nicht glauben, dass wir auf unserem hohen Ross sicher sind. Wir sahen in den letzten Jahren, wie Gewalt gegen Frauen wieder massiv zunimmt. Vieles davon ist aus dem Ausland importiert, aber es gibt auch innerdeutsche Strukturen, die das Rad der Zeit für Frauenrechte gern schnell zurückdrehen würden.

Wie schafft man es, die Bildung zu verbreiten, die als Ergebnis den Frieden hervorbringt? Das ist die zentrale Frage. Natürlich gibt es Ideen und Theorien, die den Frieden mehr begünstigen. Mich hat zum Beispiel das

Konzept der gewaltfreien Kommunikation damals sehr geflasht. Dahinter versteckt sich so viel Potential, um die Probleme zu lösen. Das finde ich faszinierend. Wir brauchen mehr davon.

Zusammen mit einer bestimmten Art von Selbstbewusstsein ist eine bestimmte Art von Einsicht/ Verständnis/ Bildung wahrscheinlich das beste Sprungbrett, um auf das dritte Level zu kommen. Was sie sind, wollen wir uns noch angucken. Erstmal ist es gut zu wissen, dass es zwei entscheidende Stellschrauben gibt, die uns in einen stabilen Frieden führen können, der eben nicht beim ersten politischen Weltwind zu zittern beginnt.

Aktuell erleben wir in Europa desaströse Zustände. Ob in Frankreich, das bekannt ist für seine rebellische Art, oder Deutschland; überall erleben wir sehr aggressive Übergriffe gegen Politiker und Zustände, die an Aufstände erinnern. Zwei dieser Phänomene sind die Bauernproteste und die Bewegung der Gelbwesten. Ehrlich gesagt, fand ich die Aktionen, wo sie Mist und Gülle vor den Parlamenten ausgekippt haben, sehr unterhaltsam. Das tut niemandem weh; macht aber einen Standpunkt deutlich. Beide Bewegungen haben dennoch ihren Protest teilweise sehr aggressiv vorgetragen. Das ist immer fragwürdig, auch wenn ich verstehe, dass es für viele mittlerweile ums nackte Überleben geht.

6

Was hat Frieden mit Selbstbewusstsein zu tun? Mehr als viele denken! Stellt euch vor, die Lage wird wieder schwieriger. Wie üblich steigen dann extreme Kräfte auf. Wenn es dann noch innenpolitisch knallt, etwa durch Anschläge von Islamisten, wie es dieser Tage regelmäßig in Europa geschieht, oder es ökonomisch zu einer großen Krise kommt. Kaum dass so etwas passiert, sehen wir in der Geschichte oft, wie die Leute dann in Scharen den Extremisten in die Hände laufen.

Diese Leute handeln aus Angst. Ich glaube wirklich, dass viele innerlich spüren, dass diese extremen Lager keine Lösungen haben. Aber sie folgen dem Herdentrieb. Zudem ist ihr vorderstes Interesse, etwas zu ändern, weil sie aus der Krise rauswollen. Sobald der soziale Sog groß genug wird, fällt es schwer, zu widerstehen. Hier setzt dann das Selbstbewusstsein ein.

In dem Wort Selbstbewusstsein steckt, sich seiner selbst bewusst zu sein. Das heißt natürlich, dass man sich ganz genau kennt. Man kennt nicht nur seine Stärken und Schwächen, vor allem kennt man seine Werte. Dadurch wird man nicht zu einem willenlosen Blatt, sobald der Wind härter weht. Da es regelmäßig passiert, dass die Weltlage schwieriger wird, ist ein stabiles und integres Selbstbewusstsein entscheidend für den Frieden.

Ein starkes Selbstbewusstsein kommt aus dem Herzen. Das klingt für einige kitschig, aber es ist nun einmal das wahre Zentrum unseres menschlichen Lebens. Manche hätten jetzt vielleicht an unseren Kopf mit dem Gehirn gedacht. Auch wenn unser Gehirn eine wirkliche Hammerarbeit leistet, so sind wir Menschen doch zuerst fühlende und dann denkende Wesen.

Unser Herz muss reifen. Das ist ein langer Weg. Jeder von uns muss ihn alleine gehen. Ihn nicht zu gehen, ist gefährlich. Denn ein unreifer Mensch wird unreife Entscheidungen treffen. Das muss dann nicht in extremen Ideologien wie bei Querdenkern und Rechtsextremen enden. Es geht schon bei den kleinen Dingen des Alltags los.

Wir brauchen dieses Selbstbewusstsein auf breiter Volksebene. Nur dann ergibt es Sinn. Wenn wir Frieden wollen, ist das keine Einzelsportart. Es ist ein Mannschaftssport. Es reicht nicht, dass zwanzig Prozent der Menschen ein friedliches und wertgebundenes Herz haben und der Rest der Menschen voller Wut und Hass ist oder sich bei jedem politischen Gewitter dem erstbesten, autoritären Führer zu Füßen wirft. Denn das Selbstbewusstsein ist auch ein Schutzschild.

Wir brauchen Schutz. Denn es gibt eine Vielzahl von Akteuren, die uns manipulieren wollen. Das beginnt bei den Unternehmen mit ihrer penetranten Werbung. Überall flimmern die Spots. Ob im U-Bahnhof, die Pop-up-Fenster auf dem Handy, im Fernsehen und Internet; wir werden permanent bombardiert. Die beschallen uns nicht, um unseren freien Willen zu stärken. Sie wollen uns subtil fremdsteuern. Das ist uns leider zu selten bewusst, weil wir uns daran gewöhnt haben: Man versucht sich in unseren Kopf zu schleichen und uns fremde Meinungen einzupflanzen.

Diese Manipulationen sind noch relativ harmlos. Im Vergleich dazu zielen die

Demagogen auf ganz andere Dinge ab. Sie wollen uns in der Endkonsequenz total entrechten. Die Beispiele in der Geschichte sind so eindeutig, dass an diesem Fakt kein Zweifel möglich ist. Demagogen entrechten uns, um uns dann ausbeuten zu können und falls es ihren Zielen dient, uns in den Krieg schicken zu können.

Wir brauchen ein Schild, um uns zu schützen. Macht euch da nichts vor: Wenn ihr ohne Schutz rausgeht, werdet ihr große Probleme bekommen. Diese Welt ist gefährlich. Es gibt viele Menschen, die anderen Menschen Schaden zufügen wollen. Das sind etwa Vergewaltiger, Erpresser, Mörder und Sklavenhalter. Wer die Zahlen kennt, weiß übrigens, dass es noch immer viele Millionen Sklaven gibt. Ohne eine größere Organisation wie einen Staat oder eine Gemeinschaft sind wir in Gefahr. Wer solch einen Schutz nicht hat, wird schnell zum Opfer werden. Denn in den Schatten lauern viele dunkle Gestalten, die nur auf ein hilfloses Opfer warten.

Nicht jede Form von Selbstbewusstsein fördert den Frieden. Es gibt sehr aggressive und egozentrische Formen von Selbstbewusstsein. Vor allem Diktatoren und Kriegsherren haben sehr oft ein

überbordendes Selbstbewusstsein. Führt
das zum Frieden? Das ist natürlich eine
rhetorische Frage. Ihre Art führt fast
immer in den Krieg. Also reden wir von
einer besonderen und intelligenten Art
von Selbstbewusstsein, die wir für den
Frieden brauchen. Wie bekommen wir die?
 Friedensbildung und friedensförderndes
Bewusstsein gehen Hand in Hand. Auch
wenn sie beide verschieden sind, sind
sie untrennbar. Ich meine, wir wollen
eine Gesellschaft, die aus sich heraus
den Frieden ganz automatisch entstehen
lässt. Das muss das Ziel sein, falls
wir weg von einer Art von Gesellschaft
wollen, die nur dazu fähig ist, fragile
Friedenszustände zu erschaffen.

7

Natürlich muss es möglich sein, sehr
stabile Friedenszustände zu erschaffen.
Zugleich wäre es glatt gelogen, dass
wir es bisher geschafft haben, einen
solchen stabilen Frieden aufzubauen.
Wer glaubt, der Frieden in den
Jahrzehnten vor und nach der Wende wäre
stabil gewesen, verkennt die Realität.
 Vor der Wende befanden wir uns im
Kalten Krieg. Auch wenn das schön

klingt, weil es ja kalt war und ohne heißen Waffeneinsatz. Aber die ernüchternde Bilanz ist, dass wir in dieser Zeit nur knapp dem Atomkrieg entkommen sind. Ist das nicht schrecklich? Wir hätten fast unsere Spezies ausgelöscht. Das müssen wir uns vor Augen halten, wenn dieser Tage China massiv aufrüstet und sich auf den Krieg vorbereitet.

Der russische und chinesische Staat zeigen, dass wir seit der Wende keinen stabilen Frieden hatten. Diese antidemokratischen Staaten waren für einige Zeit geschwächt und mussten sich neu ausrichten. Aber seitdem sie wieder auf die Beine gekommen sind, tun sie alles, um jede Basis für einen globalen Frieden zu untergraben. Das geschieht im Großen und Kleinen. Bei den Chinesen steht dahinter eine gewalttätige Ideologie, die eine Revolution starten will, die in früheren Fällen Millionen Tote gefordert hat. Bei den Russen geht es derzeit vor allem um das Prestige, noch immer eine Weltmacht zu sein, und um den Binnenkolonialismus, mit dem Russland seit Jahrhunderten erfolgreich ist.

Mit einer besseren Außenpolitik wäre es definitiv möglich gewesen, Russland nach dem Ende der Sowjetunion in eine stabile Demokratie zu verwandeln. Dass das nicht geklappt hat, liegt an einem fehlenden Plan. Dafür kann man nicht die USA verantwortlich machen, sondern es ist das Versagen von Ländern wie UK, Frankreich und der Bundesrepublik. Zugleich sollten wir froh sein, die baltischen Staaten im Lager stabiler Demokratien begrüßen zu dürfen. Letztendlich zeigen die Konflikte in der Ukraine und in Taiwan, dass diese Diktaturen sich nur zurückgehalten haben, um wieder ihre militärischen Kader aufzubauen. Viele haben in den letzten Jahrzehnten vor Russland, China und den Islamisten gewarnt. Aber es geht hier gar nicht darum, dass zu wenige auf sie gehört haben. Worum es geht, ist die Erkenntnis, dass es in all den Jahrzehnten seit der deutschen Wiedervereinigung Kräfte gegeben hat, die ernsthaft auf unsere Unterwerfung hingearbeitet haben. Der scheinbare Frieden, den wir genossen haben, war labil. Denn diese Kräfte haben auch im Land und nicht nur außenpolitisch gegen uns gearbeitet.

Gerade sind wir wieder mittendrin in der Debatte über die Stationierung von Mittelstreckenraketen. Ich glaube, in den 1980er Jahren gab es diese Debatte schon einmal. Wir bauen wieder auf militärische Abschreckung. Der Eiserne Vorhang wird wieder hochgezogen. Hätten wir es in dieser Zeit geschafft, eine Friedenskultur aufzubauen, hätten wir heute diese Konflikte vielleicht nicht. Ist das eine scharfe Kritik an unserer oberflächlichen Gesellschaft? Absolut!

Was ich mit dem dritten Level meine, ist eine Gesellschaft, die den Frieden ins Zentrum gerückt hat. Eine Wirkung braucht eine Ursache. Ohne die richtige Ursache gibt es nicht die richtige Wirkung. Das klingt erstmal wie eine Binsenweisheit. Dennoch handelt der Großteil der Menschheit dem entgegen. Sie tun tausend Dinge. Zocken, Partys, Urlaub und Filme streamen. Das sind die Aktivitäten der Mehrheitsgesellschaft. Sind das schlimme Dinge? Nein, aber es sind auch keine guten Aktivitäten.

Es gibt gute und schlechte Dinge. Zwar ist das auf der geistigen Ebene der Hochphilosophie anders, aber es gibt gute Dinge, die wir tun können. Was macht sie gut? Nun, das ist simpel. Wenn sie den Frieden stärken, sind sie gut, weil Frieden guttut. Ich will an dieser Stelle nicht die Millionen Vorteile aufzählen, die Frieden im

Gegensatz zum Krieg hat. Ich will hier betonen, dass der Frieden deshalb nicht stabiler ist, weil die Bevölkerung aktiv keine Dinge tut, die den Frieden erschaffen.

Frieden ist ein Produkt. Ich wünschte, es gäbe einen natürlichen Frieden als eine Art Urzustand. Vielleicht gibt es den in irgendeiner höheren, himmlischen Welt. Aber hier auf Erden gibt es keinen Beleg dafür, dass es irgendwo in der Natur oder bei den Urvölkern einen nachhaltigen, sicheren Frieden gab. Was es scheinbar vor der Zeit gegeben hat, ehe wir Menschen sesshaft wurden, war eine Zeit ohne organisierte Kriege. Das ist wunderbar und dennoch gab es damals sehr viel Gewalt und Morde, wie die archäologischen Ausgrabungen belegen.

Frieden ist das Produkt. Dass wir jetzt seit achtzig Jahren faktisch im Großteil Europas Frieden haben, ist das Ergebnis vieler Generationen und Nationen, die darauf hingearbeitet haben. Wir sollten ihnen dankbar sein, indem wir ihnen nacheifern. Meine Generation hier in der EU hat ihr ganzes Leben keinen echten Krieg erlebt. Er ist das Produkt unserer Vorfahren. Wenn wir jetzt aber unsere Freizeit mit Online-Dating, zocken und verreisen vergeuden, werden wir der nächsten Generation keinen stabilen Frieden vererben. Wenn wir uns dieser Tage die Zustände in der Ukraine angucken, dann müssen wir uns fragen, wieso die Menschen Europas in dem Jahrzehnt vor dem Ausbruch des Ukrainekriegs nicht mehr für die Stärkung des Friedens getan haben? Abgesehen von der großen Habgier des russischen Diktators war das einer der Gründe für den Ausbruch des Krieges. Wir als Kinder Europas hätten in den Jahren davor eine friedensstärkende Kultur aufbauen können, welche den Ausbruch des Krieges in der Ukraine, so wie den Ausbruch anderer Kriege hätte verhindern können.

Unser Ziel ist ein stabiler Frieden. Wer sind wir? Mit "uns" meine ich alle geistig Gesunden. Ja, es ist krank für den Krieg zu sein und es ist gesund für den Frieden zu sein. Ich meine das ganzheitlich. Doch es lässt sich auch wirklich handfest auf die körperliche Gesundheit beziehen. Denn im Krieg werden Kugeln durch die Luft fliegen. Sie können unseren Körper durchsieben. Bestenfalls; denn es geht auch noch schlimmer mit dem ABC-Waffenarsenal. Dazu kommen noch die Zugangsprobleme zu

Nahrung und Wasser, die sich im Krieg immer verschlechtern. Nur im Frieden haben wir rein körperlich gesehen die Chance, gesund zu bleiben.

Es bleibt immer die Frage nach den Ursachen des Friedens? Welche Gründe führen zu einem Waffenstillstand? Und welche in einen fragilen oder stabilen Frieden? Es beginnt mit der Einsicht, dass Gewalt kein Weg ist. Fast alle Menschen tragen diese Einsicht intuitiv in sich. Einer der Gründe dafür ist der reine Selbsterhaltungstrieb. Wir alle wollen leben und eine Kugel, die auf uns zurast -was im Krieg wahrscheinlich ist- kann unser Leben mit einem Wimpernschlag beenden.

Dann braucht es auch die Infrastruktur und natürlich die sozio-ökonomischen Rahmenbedingungen. Ein Staat muss funktionieren. Das betrifft besonders den Arbeitsmarkt und die Familie, aber auch andere Bereiche wie das Bildungs- und Gesundheitswesen. Das sind die Basics. Natürlich sind freie, faire und geheime Wahlen die Kirsche auf der Torte. Wenn all das da ist, entsteht das zweite Level des Friedens quasi automatisch; zumindest so lange es gelingt, die inneren und äußeren Feinde des Friedens in Schach zu halten.

Dann geht es weiter zu einer gesellschaftlichen Reife. Die Folge dieser Reife ist eine Erkenntnis der Gleichheit und Verantwortung. Wir sind alle gleich. Hierarchie ist seit jeher einer der Hauptgründe für Kriege. Denn die Idee, dass es eine Hierarchie gibt, die höherwertig ist als die faktische Gleichheit aller Menschlichkeit, ist falsch. Verantwortung bedeutet die Erkenntnis, dass man als Mensch eine Pflicht hat, sich (pazifistisch) zu beteiligen. Diese Erkenntnis ist zentral und jeder von uns muss sich das klarmachen, wenn er sich in seinem Kiez umguckt. Sind die Menschen dort aktiv im Gespräch über den Frieden, bauen sie funktionierende Friedensnetzwerke auf und üben solche Dinge wie Meditation ein, um innerlich Frieden zu finden? Oder tun sie saufen, zocken, nur vom Urlaub träumen und den ganzen Tag im Gym verbringen? Diese Aufgabe kann jeder von uns tun. Sie wird ihm oder ihr relativ leicht zeigen, auf welcher Stufe des Friedens sich sein soziales Umfeld befindet.

Die innere Erkenntnis, dass man für den Frieden mitverantwortlich ist, ist bei der überwiegenden Mehrheit die notwendige Grundvoraussetzung für den

Frieden. Denn den Frieden äußerlich zu erzeugen, ist ein logisches Bestreben aller Menschen. Aber ein stabiler Frieden braucht mehr. Erst wenn diese Einsicht praktisch umgesetzt wird, beginnen wir auf die stabile Stufe des Friedens zu klettern.

8

Frieden beginnt vor der eigenen Haustür. Jemand regt uns auf. Es kocht in uns, aber wir entscheiden uns, ruhig zu bleiben. Wir geben dem Bettler an der Straßenecke nicht nur einen Euro, sondern wir reden auch mit ihm und geben ihm dadurch das Gefühl, dass er ein akzeptierter Teil der Gesellschaft ist. Wir gehen Müll sammeln, der die Parks und Straßen verschmutzt. Wir melden uns fürs neue Buddy-Programm im nächsten Waisenhaus an und helfen den benachteiligten Jugendlichen.

Die Möglichkeiten im Kleinen, um etwas für den Frieden zu tun, sind zahlreich. Jeder, der will, kann sich beteiligen. Einige tun es und andere tun es nicht. So etwas hat es immer gegeben. Selbst bei Tieren wurden altruistische, also hilfsbereite Handlungen nachgewiesen.

Für uns Menschen sind sie seit jeher die Grundlage für ein friedliches Zusammenleben. Ohne echte prosoziale und friedliche Handlungen könnte kein Staat und kein Volk überleben.

Egal, von welchem Level des Friedens wir reden. Es geht nicht um die Makroperspektive. Es zählt die Kleinigkeit. Der Weltfrieden ist nichts anderes als die Summe vieler kleiner, heilsamer Taten. Das Schöne ist, wie viele Beispiele es dafür gibt. Egal ob jung oder alt, reich oder arm; es sind mehr Menschen, die Gutes tun als andersherum. Leider vergisst man das oft. Denn die Nachrichten sind voll von Terror, Gewalt und Krieg.

Wir sehen die Bilder und hören die News. Es ist erschreckend. Dabei seine Hoffnung zu verlieren, ist logisch. Wer kann noch an den Frieden glauben, wenn er sieht, was die Menschen im Krieg einander antun? Wer es spüren will, der soll nach Sachsenhausen oder Auschwitz gehen. Ich war in mehreren KZs. Ich bin dort innerlich erstarrt. Selbst nach Jahrzehnten spürt man das Grauen noch.

Wir können es besser machen, wenn wir aus dem Sessel aufstehen. Solange wir herumsitzen und auf einen Bildschirm glotzen, verschwenden wir unsere extrem kostbare Lebenszeit. Außerdem nutzen wir die Chance nicht, etwas Gutes zu tun. Warum? Nun, ich glaube, die Menschen, die glauben, gammeln, zocken und fernsehen machen glücklich, haben keine Ahnung vom Glück. Zwar will ich damit gar nicht leugnen, dass es oberflächlich Spaß macht. Aber niemals macht es auf tiefer Ebene glücklich; und ich kenne wirklich kein Beispiel, wo es anders ist.

Helfen macht glücklich. Es erzeugt Glück auf einer tieferen Ebene als gammeln, chillen und auf den Screen starren. Damit wird es resilienter und stärkt jeden langfristig. Wer also will, dass er nicht jedes Mal emotional einknickt, wenn der Stress hochkocht, der sollte helfen. Denn es stärkt auf eine Art, die mit Chillen nie zu erreichen wäre.

Wir könnten mehr tun; damit meine ich, ich könnte mehr tun. Ich schäme mich oft, nicht mehr Gutes zu tun. Es bricht mir das Herz. Ich würde gern und tatsächlich tue ich schon einiges. Aber es ist nicht genug. Wie man es hinkriegt, ein hilfsbereiterer Mensch zu werden, ist ein langwieriger Prozess. Bei mir ist das so. Ich muss mich Stück für Stück in eine Richtung entwickeln, wo ich prosozialer werde. Ich will das auf jeden Fall. Wahrscheinlich werde ich dabei oft straucheln und scheitern. Aber ich schwöre, ich werde es immer wieder probieren, bis ich es schaffe.

Wir müssen eine Kultur des Helfens aufbauen, wenn wir auf die dritte Ebene des Friedens wollen. Darum erzähle ich das hier. Wenn wir die Basis für einen Waffenstillstand und danach die Infrastruktur für einen echten Frieden geschaffen haben. Dann entwickeln wir unsere (Bildungs-)Kultur in die Richtung, bis es zu einer enormen Erhöhung der inneren Neigung "helfen-zu-wollen" kommt. Denn das ist die Schwelle, an der wir endlich das zweite Friedensniveau überschreiten, um zum Höheren zu gelangen. Bisher habe ich eher die geistige Reife betont. Daran ändert sich auch nichts. Doch woran machen wir die geistige Reife fest?

Geistige Reife ist ein innerer Entwicklungszustand. Er ist ein Zusammenspiel aus intellektuellen und emotionalen Prozessen. Das läuft total innerlich ab. Leider können wir von außen nicht sehen, ob jemand diese Reife erreicht hat, weil uns das jemand sagt. Wenn er tolle Reden darüber hält, beweist das gar nichts. Große Reden hören wir von den Politikern seit Jahrhunderten. Es ist viel heiße Luft. Viel Schein ohne echtes Sein.

Woran erkennt man denn die geistige Reife? Wir erkennen sie an den Taten. Wer anderen die Hand reicht, besitzt geistige Reife. Wer spendet, der besitzt geistige Reife. Wer sich hinsetzt und Lösungen für soziale Probleme ausarbeitet, beweist geistige Reife. Taten zeigen, was in uns vorgeht. Natürlich tun das Worte auch. Aber Worte lassen sich leichter fälschen. Das geht auch mit Taten, ist aber schwerer. Darum sollten wir bei Taten (und Worten) auf das Langfristige gucken.

Es sind nicht Gedanken, die die Welt gestalten. Zwar ist es richtig, dass alle Taten aus Gedanken entstehen. Aber am Ende zählt, was man tut und nicht, was man denkt und redet. Das vergessen die Intellektuellen leider zu oft. Statt wirklich etwas zu tun, verlieren sie sich in ihrem Geschwafel über tiefgründige Thesen.

Taten nutzen Waffen oder sie bauen sichere Staaten auf. Beides ist immer möglich. Aber warum tut der eine zum Gewehr greifen und auf andere schießen, und der andere sammelt Spenden und bringt sie zu den Ärmsten? Beides ist natürlich das Ergebnis geistiger Prozesse. Damit widerspreche ich nicht meiner vorherigen Aussage. Wichtig ist, dass man versteht, dass es eine Kette aus Reiz-Reaktionen ist. Es ist wichtig, genau zu analysieren, was die Ursachen und was die Wirkungen sind. Das ist definitiv nicht linear, sondern geht in alle Richtungen. Deshalb fällt es uns vielleicht so schwer, wirklich richtig zu handeln.

Was dieser Abschnitt sagen will: Geht raus und helft! Diese Welt braucht jeden von uns. Selbst wenn nur einer sich weigert, seine Pflicht zu erfüllen und zu helfen, kann das System destabilisieren. Ja, ich halte es für eine echte Pflicht. Was löst diese Selbstverpflichtung aus: die innere Reife.

9

Abgesehen von der hilfsbereiten Tat, gibt es natürlich auch eine große Zahl an Theorien über den Frieden. Eine Theorie haben wir bereits sehr intensiv durchgekaut. Es ist der positive und negative Frieden. Der negative Frieden ähnelt dem, was wir uns als Waffenstillstand vorstellen. Es geht um die Abwesenheit von Gewalt und Krieg. Das Problem ist, die Abwesenheit von Gewalt kann auch nur bedeuten, dass die Kriegsparteien ihre Arsenale wieder auffüllen oder sie erst wieder Rekruten ausbilden müssen. Die Abwesenheit von Gewalt und Krieg ist oft nur eine Illusion, weil die Kriegsparteien nur für den nächsten Angriff nachrüsten.

Der positive Frieden bezieht sich auf die Anwesenheit von Gerechtigkeit, Gleichheit und Harmonie. Alle drei Charakteristika zählen für mich zu den schönsten, sozialen Dingen, die es gibt. Es gäbe dem eigentlich nichts hinzuzufügen. Doch leider tue ich es. Denn diese Dinge sind schön. Wir haben viele Länder auf der Erde, wo sie ausgeprägt sind. Dennoch bleibt die Frage nach der Stabilität. Das Beispiel Schweden zeigt, wie schnell es kippen kann. Denn das einstige Vorzeigeland versinkt in schlimmer Bandengewalt, die leider auch nicht davor zurückschreckt, Minderjährige als Kindersoldaten zu rekrutieren.

Der Institutionalismus versucht, dem entgegenzuwirken. Durch den Aufbau von guten Institutionen soll Stabilität garantiert werden. Hier spielen besonders Rechte und Gesetze eine Rolle. Viele finden das Thema langweilig, aber Rechtssicherheit ist für einen stabilen Frieden relevant. Diese Institutionen sorgen für die internationalen Kontakte. Denn Kriege sind meist ein Ereignis zwischen verschiedenen Ländern und Völkern, wobei die Bürgerkriege nicht vergessen werden sollten. Aber sobald internationale Netze geknüpft und Regeln vereinbart sind, die alle Menschen einhalten, hat man ein solides Fundament für den Frieden geschaffen.

Auch der Liberalismus hat sich den Frieden auf die Fahnen geschrieben. In den meisten Theorien der Liberalen gilt der Frieden als die beste Voraussetzung für die wirtschaftliche Entwicklung. Tatsächlich zeigen endlose Beispiele aus der Geschichte, wie elementar der soziale Frieden mit dem Wohlstand verbunden ist.

Wir wollen die zahlreichen kritischen Theorien nicht vergessen, die sich darauf spezialisiert haben, die direkten und subtilen Machtstrukturen zu hinterfragen. Denn Gewalt ist oft strukturell. Die Ständegesellschaft des

Mittelalters zeigt das besonders gut. Aber auch heute ist strukturelle Gewalt ein weit verbreitetes Phänomen.

Theorien sind wichtig. Dass wir so viele Theorien über den Frieden haben, ist ein Schatz. Es zeigt, wie wertvoll unsere Gesellschaft schon ist. Männer und Frauen haben sich jahrzehntelang den Kopf zerbrochen und das Beste aufs Papier gebracht. Dafür sollten wir diesen klugen Köpfen danken. Was wäre die beste Form, ihnen zu danken: Wenn wir ihre Theorien verinnerlichen und sie weiterentwickeln.

Das große Problem an akademischen Theorien ist, dass sie fast nie die Bevölkerung erreichen. Wenn wir uns die intellektuelle Verteilung wie eine Pyramide vorstellen, dann tropfen diese Gedanken meist von oben nach unten durch. Dabei verwässern sie leider. Das Dilemma finden wir oft. Es ist die große Crux und es zerreißt Nationen. Das hat viel mit Kommunikation zu tun.

Es gibt noch ein zweites Problem. Denn bisher hat keine dieser Theorien wirklich bewiesen, dass sie gezielt Frieden schaffen kann. Das ist viel schlimmer, als es klingt. Bei Theorien im Bereich der Sozial- und Geisteswissenschaften ist das leider die Regel. Die einen sagen, das liegt daran, dass die Sozialwissenschaften noch nicht so weit entwickelt sind wie die Naturwissenschaften, deren Theorien replizierbar sind. Andere sagen, dass der soziale Bereich so dynamisch und komplex ist, dass es anders als in den Naturwissenschaften nicht möglich ist, einfach replizierbare Theorien zu finden.

Das dritte Problem sind die fehlenden Umsetzungen. Wir haben kilometerlange Bibliotheken mit tollen Theorien. Menschen haben sich ihre Finger wund geschrieben. Aber es fehlen die Brücken in die Mitte des Lebens. Vielleicht ist das die große Katastrophe der Intellektuellen. Sie finden keine Resonanz mit dem Rest der Bevölkerung. Ihre wirklich guten Theorien verhallen darum leider ohne Echo im Weltkonzert. Diese Brücken zu bauen, muss zur Kernaufgabe der intellektuellen Schicht werden, falls der Frieden in Zukunft erfolgreicher sein soll.

10

Wir alle wollen Frieden und wir müssen Brücken bauen. Es sind die Brücken, die aus unserem friedenssichernden Herzen in die Welt zu unseren Mitmenschen reichen. Zugleich müssen wir Mauern einreißen und Schranken sprengen. Es sind die Schranken unserer Gedanken. Sie tragen Namen wie Rassismus, Sexismus und viele weitere, die gespickt sind mit Vorurteilen. Natürlich müssen unsere Brücken über diesen Fluss aus giftigem Müll reichen.

Wir können uns treffen und über den Frieden reden. Wir gehen in die Bar, Kneipe oder in die Sauna. Dann reden wir über den Frieden und analysieren die vielen Friedenstheorien. So schön solche Gespräche sind, was bringen sie wirklich? Vielleicht stärkt das unsere Freundschaften. Etwas, das gut ist. Aber wie oft passiert es, dass nach einem Besuch in der Bar oder Kneipe die Leute anfangen, zu Friedensaktivisten zu werden?

Reden ist gut. Denken ist gut. Aber nur, wenn die Trias komplett ist, funktioniert es. Handeln ist der dritte Teil. Er ist wie das Ende eines Trichters. Oben ist das Denken breit und frei. Es verdichtet sich langsam in den Gesprächen, bis es schließlich zur maximalen Konzentration der Tat kommt.

Wenn wir den Frieden wollen, müssen

wir aus der Bequemlichkeit rauskommen. Jemand sagte mal, das Schlimme sind nicht die vielen Bösen, sondern all die Guten, die nichts tun. Das sollten wir uns auf der Zunge zergehen lassen. Weil so wenige von denen, die wissen, was gut ist, etwas tun, deshalb ist die Welt so schlecht. Schuld sind also gar nicht die Mörder und Kriegstreiber, sondern die Gutherzigen, die nichts für den Frieden tun?

Wir müssen etwas tun. Egal, ob es etwas Großes oder Kleines ist. Das Entscheidende ist das Tun. Das können kleine Gesten sein. Wir reichen jemandem die Hand. Das kann ein Freund oder ein Unbekannter sein. Es kann aber auch jemand sein, dem wir feindlich gesinnt sind. Das ist ein Gesetz des Friedens. Denn Frieden ist immer ein Akt des Verbindens. Den Krieg können wir uns als einen Akt des Trennens vorstellen. Es ist sogar ein Akt des totalen Trennens, wenn er zum Tod führt.

Es gibt das Ehrenamt. Solange es sich um das Ehrenamt für prosoziale und altruistische Aktivitäten handelt, ist es ein Akt des Friedens. In Deutschland sind es Millionen Menschen, die ehrenamtlich arbeiten. Das allein ist einen Applaus wert. Diese Menschen helfen nicht nur. Ihr Ehrenamt ist auch ein Friedensdienst. Leider stellt sich die Frage, warum es nicht mehr sind? Ich muss mir diese Frage auch stellen. Früher habe ich mich ehrenamtlich in einer Umweltorganisation engagiert. Aber seit Corona bin ich nicht mehr aktiv. Das ist traurig und ich und alle anderen sollten das ändern.

Vielleicht ist das Ehrenamt ein mittleres Level einer Friedenstat. Es ist an sich nicht schwer, erfordert zugleich einiges an Aufwand, um es regelmäßig zu tun. Was wäre ein hohes Level? Nun, es wäre die Arbeit in einem Friedenschor oder einer der vielen Friedensorganisationen. Es gibt solche Vereine, die sich den Frieden auf die Fahnen geschrieben haben. Das ist mehr als ein Ehrenamt, denn der Dienst für den Frieden wird zu einem Vollzeitjob.

11

Wenn wir doch schon alles wissen und haben, warum machen wir den Frieden nicht einfach? Diese Frage treibt uns alle um. Warum gibt es keinen Frieden auf dem Planeten? Denn wir drehen uns

im Kreis, wenn wir das nicht klären
können. Tatsächlich lassen sich einige
Gründe identifizieren, die den Frieden
verhindern.

Zum Ersten gibt es jene Kräfte, die
den Krieg wollen. Leider ist diese
Wahrheit ernüchternd. Es gibt Männer
(bedauerlicherweise auch Frauen), die
finden Krieg toll. Für geistig gesunde
Menschen mit einem Herz, das zur Liebe
fähig ist, ist dieser Gedanke absurd.
Er ist auch absurd, wenn man an den
natürlichen Selbsterhaltungstrieb denkt
oder sich der Vernunft vergegenwärtigt.
Aber das ändert nichts an der Tatsache.
Es gibt Leute, die den Krieg lieben und
wollen.

Das beste Beispiel ist die Rede im
Sportpalast von Joseph Goebbels. Dieser
Mann ist an sich ein kranker, innerer
Widerspruch. Als Behinderter hat er
eine Idee glorifiziert, die Behinderte
ausrotten wollte. Er hat seine eigenen
Kinder am Ende des Krieges umgebracht,
obwohl er wollte, dass es so viele
Deutsche wie möglich gibt. In dieser
Rede fragte er sein Publikum, ob sie
den totalen Krieg wollen? Seine
Anhänger (auch viele Frauen) jubelten.
Sie wollten den totalen Krieg.

Abgesehen von den vielen anderen

bedauernswerten Opfern starben auch sieben Millionen Deutsche im Zweiten Weltkrieg. Das sind mehr als in jedem Krieg zuvor; und mir ist auch keine Seuche bekannt, die in einem ähnlichen Zeitraum so viele Deutsche das Leben gekostet hat. Ist das nicht krank? Diese fiesen Nazis haben faktisch mehr Deutsche umgebracht als jeder andere Feind und jede Seuche, aber sie haben so getan, als ob sie den Deutschen Gutes tun wollten! Da ich mich sehr für Wirtschaftsgeschichte interessiere, fühle ich mich geneigt zu betonen, dass es aus ökonomischer Sicht zu keinem Moment für das Nazireich möglich war, diesen Krieg zu gewinnen.

Der Grund für den Krieg der Nazis war eine Ideologie. Ähnlich ist es bei den Linken. Im Gegensatz zu den Nazis sind sie sprachlich kreativer. Statt des Wortes Krieg nennen sie es Revolution. Aber die Forderung nach der Weltrevolution ist nichts anderes als die Forderung nach dem Weltkrieg. Die statistischen Fakten sind leider widersprüchlich. Manche sagen, die Rechten hätten im letzten Jahrhundert mehr Menschen umgebracht. Andere sagen, die Linken hätten in dieser Zeit hundert Millionen Menschen getötet und damit mehr als die Rechten. Was bleibt, ist die klare Erkenntnis, dass beide ideologischen Lager den Krieg, oder wie es die Linken nennen, die Revolution wollen.

Ideologien führen in den Krieg. Sie sorgen dafür, dass Menschen ihren natürlichen Verstand aufgeben. Dieser gesunde Verstand drängt von Natur aus dazu, Krieg und Gewalt zu vermeiden. Doch Ideologien gelingt es durch eine Art von Massenhypnose, die natürlichen Neigungen zum Guten auszutricksen. Aus friedlichen Menschen werden so brutale Killermaschinen. Dieser Tage erleben wir das besonders beim Islam.

Auch Religionen können kriegerisch sein. Bei einem Vortrag erklärte jemand, dass während der islamischen Eroberungen 270 Millionen Menschen getötet worden seien. Leider habe ich bisher dafür keine wissenschaftlichen Untersuchungen gefunden. Aber es vermittelt uns ein Bild davon, wie stark Religionen Menschen terrorisieren und zur Gewalt aufstacheln können.

Religionen und Ideologien sind in der Lage, viele Menschen zum Krieg führen anzustacheln. Das gilt definitiv nicht für alle, aber die Kreuzzüge zeigen, wie brutal es werden kann. Für uns ist es sehr schwer, von außen zu erkennen, welche die Gewalttätigen sind. Belege finden wir etwa in der Geschichte. Hat eine Ideologie oder Religion viel gemordet, ist es sehr wahrscheinlich, dass sie es wieder tut. Das Christentum hat den Großteil der Urbevölkerung Amerikas und Australiens ausgerottet. Das gibt uns einen Grund, dass wir uns fragen sollten, wie es zukünftig mit Andersdenkenden umgehen wird?

Gier ist auch ein Kriegsgrund. Ob es die Habgier nach Land, Gold oder Sexsklavinnen ist, ist völlig sekundär. Gier treibt Menschen in den Krieg. Was ist Gier? Es ist die Sucht, besitzen zu wollen. Etwas zu besitzen, ist etwas Urmenschliches. Aber wenn es zur Sucht wird, wird es unkontrollierbar. Dann steckt darin echte Gefahr. Vielleicht wird nicht jede Form von Gier zu Krieg und Mord führen. Aber sie führt immer dazu, dass die moralischen Grenzen überschritten werden. Wir sehen das bei vielen Frauen, die sich wegen ihrer Drogensucht prostituieren, was sie sonst nicht getan hätten. Wir sehen das auch bei Hitlers Gier nach Land im Osten, weswegen er zwanzig Millionen Slawen umbringen ließ.

Gier ist schwer zu kontrollieren. Ihre

perfide Art ist, sich in Gesellschaften
einzuschleichen. Sie nistet sich ein
und tarnt sich. Gierige Menschen sind
dafür bekannt, ihre wahren Motive
meisterlich zu verschleiern. Sie
erfinden tolle Theorien und Gründe, um
ihr Vorhaben zu begründen. In Wahrheit
sind sie einfach nur süchtig danach,
etwas besitzen zu wollen.

Gier ist nicht nur im Krieg
gefährlich. Auch in Friedenszeiten und
besonders für Demokratien ist sie in
Form von Korruption sehr gefährlich. Zu
viel Korruption macht jedes Staatswesen
handlungsunfähig. Sobald es das ist,
wird es instabil. Menschen wenden sich
von ihm ab und Demagogen werden
erfolgreicher. Die Quintessenz ist
simpel. Auch heute in der EU, UK und
USA ist die Korruption ein zunehmendes
Problem. Es geht nicht immer nur um
Geld. Auch das Versprechen späterer
Jobs nach der Amtszeit oder das
Einführen in mächtige soziale Netzwerke
sind eine Form von Korruption.

Ist die Gier das einzige menschliche
Gefühl, das die Wahrscheinlichkeit
eines Krieges erhöht? Nein, natürlich
nicht. Es gibt auch noch den Hass.
Schon das Wort klingt wie ein
stechender Blitz, der einen ins Mark

fährt. Hass bezeichnet das Gefühl der Abneigung, Ablehnung, Feindschaft und Wut. Ich glaube wirklich, es gibt nichts Gutes an diesem Gefühl. Mehr noch als die Gier ist es der gerade Wegweiser in Krieg und Gewalt.

Hass macht stark und Hass macht schwach. Wir alle kennen das. Wenn wir richtig wütend sind, trauen wir uns Dinge zu tun, die wir uns sonst nie getraut hätten. Plötzlich können wir rausgehen und Leuten die Stirn bieten, die uns vorher Angst gemacht haben. Das macht Hass für viele so anziehend. Vor allem sorgt es dafür, dass sich Menschen zusammenfinden, die sich sonst nie zusammengefunden hätten. Das macht stark.

Zugleich macht Hass schwach. Auf krude Art baut er geistige Schranken. Sie sperren Menschen mental ein. Das ist vielleicht das Schlimmste am Hass. Es verhindert, dass man aus dem Hass rauskommt. Auch das haben wir alle vielfach erlebt. Als Kind war sicher jeder von uns mal stinksauer und so festgefahren in seinen Gefühlen, dass wir einfach nicht rausgekommen sind. Hass hält gefangen. Die Gewalt, die durch Hass ausgelöst wird, ist schrecklich. Aber die Schwäche, sich aus dem Hass lösen zu können, ist noch schrecklicher. Denn sie führt in eine Spirale der Gewalt.

Angst wird leider als Ursache für Gewalt dramatisch unterschätzt. Gerade wir Deutschen mit der berühmten German Angst sind ein Paradebeispiel dafür. Wahrscheinlich sind auch andere soziale Gruppen ziemlich paranoid, etwa die Dunkelhäutigen. Definitiv dürfen wir Angst nicht unterschätzen. Das Perfide an ihr ist, dass wenn wir ängstlich werden, wir viel leichter manipulierbar sind. Sobald eine Masse manipulierbar wird, ist es ein Katzensprung zum nächsten Krieg. Angesichts der heute so mächtigen Medienlandschaft sollte uns das Angst machen. Denn die Mehrheit der Medienkonzepte scheint auf Manipulation abzuzielen.

Gucken wir auf das letzte Jahrhundert, fallen einige Gruppen besonders auf. Natürlich sind das zuerst die Nazis. In totalen Opferzahlen scheinen sie von den Kommunisten übertroffen worden zu sein. Doch sind die Nazis an Brutalität die Schlimmsten. Was diese Leute mit ihren armen Opfern gemacht haben, ist unvorstellbar schrecklich. Ich habe in der Geschichte zwar quantitativ größere Verbrechen gefunden, in der Qualität der systematischen Gewaltausübung war das jedoch das Schlimmste.

Die Kommunisten habe ich genannt. Sie sind unterm Strich genauso große Monster wie die Faschisten. Falls wir das Trio komplett machen wollen, müssen wir noch die Fundamentalisten erwähnen. In Form der Islamisten überziehen sie dieser Tage den europäischen Kontinent mit Messeranschlägen und Mobgewalt. Ich persönlich finde, dieses Trio fast das letzte Jahrhundert gut zusammen.

Abgesehen von diesen unverständlichen Gründen gibt es leider auch Gründe für den Krieg, welche man durchaus als rational bezeichnen könnte. Das ist natürlich zuerst der Kampf gegen Unterdrückung und Ausbeutung. Wenn dich jemand unterdrückt, diskriminiert oder sexuell misshandelt, musst du dich dagegen wehren. Wenn dein Gegner eine staatliche Autorität ist, die über eine gewaltige Berufsarmee verfügt, ist ein Krieg als ultima Ratio wahrscheinlich (leider) unausweichlich.

Was bleibt, wenn der Staat, in dem du lebst, schlimmste Verbrechen begeht? Wir hatten den Widerstand der Weißen Rose. Diese jungen Menschen haben sich aufgelehnt und dieser Staufenberg ist tatsächlich militärisch aktiv geworden.

Was hat man auch für eine andere Wahl in einer aggressiven Diktatur? Es gibt noch viele andere Gründe, weswegen es rational logisch wäre, einen Krieg oder gewalttätigen Aufstand zu starten. Gerade in muslimischen Autokratien finde ich das logisch, denn dort wird wohl jedes individuelle Bestreben im Namen des Koran gleichgeschaltet und unterdrückt.

Das Gewohnheitsrecht wiegt leider schwer. Krieg ist uns kulturinhärent. Das heißt nichts anderes, als dass die grauenvollen Erfahrungen der vielen Kriege sich in unsere menschliche DNA wie ein Parasit gefressen haben. Unsere Geschichtsbücher sind voll von Kriegen. Oft scheint unsere menschliche Geschichte nichts weiter zu sein als die Aneinanderreihung von Kriegen. Die Realität des Krieges ist aktuell untrennbarer Teil unserer Welt.

In Europa haben wir für viele Jahrzehnte geglaubt, dass das Zeitalter der Kriege vorbei ist. Das war kurzsichtig und realitätsblind. Ich erinnere mich an meine Jugend, wie mir meine Eltern erzählten, dass sie für den bevorstehenden Krieg mit dem anderen Deutschland trainieren mussten. Damit will ich definitiv wieder darauf hinweisen, dass der jahrzehntelange Frieden nur eine instabile Illusion war. Zum Glück ist es nie zu einem militärischen Krieg gekommen. Dennoch war es ein Wirtschaftskrieg, der von der westdeutschen Seite gewonnen wurde.

Auch Armut ist ein Grund für Krieg. Schlimme soziale Verwerfungen durch wirtschaftliche Krisen sorgen für Radikalisierung. Das ist schon oft der Nährboden für militante Bewegungen gewesen. Die Geschichte der NSDAP zeigt das, genauso wie die Staaten im Nahen Osten. Armut ist die Brutstätte des Krieges. Das ist schlecht und setzt die Friedensbewegung unter Zugzwang. Sie muss für eine prosperierende Wirtschaft sorgen. Ihr großer Vorteil ist, dass im Frieden die Wirtschaft tendenziell immer besser wächst.

Um den Frieden zu stabilisieren, müssen wir uns zuerst aller Kräfte bewusst werden, die dem Frieden entgegenwirken. Ich habe einige dieser Kräfte genannt. Davon abgesehen gibt es noch mehr. Als Zweites müssen wir alles in Bewegung setzen, um diesen Kräften entgegenzutreten. Das Ziel ist klar: Wir müssen verhindern, dass diese Kräfte handeln können.

Ein Nachteil der Friedensbewegung ist,

dass sie (zum Glück) nur friedliche Mittel einsetzen kann. Die Anhänger des Krieges sind nicht an diese Schranke gebunden. Sie können alles tun. Dieses Problem ist größer, als man denkt. Denn während uns nur die Freundlichkeit bleibt, können sie beliebig zwischen freundlichem und aggressivem Verhalten hin und herspringen. Das ist nur ein Bereich. Letztendlich ändert es nichts. Wenn wir den Frieden stabilisieren wollen, müssen wir die Feinde des Friedens stoppen. Diese Rechnung ist leicht. Sie lässt sich in einfachen Zeiten ziemlich schnell lösen. Aber bei wirtschaftlicher Instabilität wird sie zu einer kniffeligen Rätselaufgabe.

12

Wir waren einst Kinder. Die meisten von uns haben Kinder oder wollen Kinder haben. Ich habe zwar in einer Sowjetdiktatur gelebt, aber militärisch war Frieden – auch wenn es überall Kasernen mit ausländischen Soldaten der Roten Armee gab. Meine Kindheit war sehr schön. Ich war glücklich und auch wenn wir nicht reich waren, so hatten wir eindeutig genug. Ich wünsche allen

Kinder, dass sie ohne Krieg aufwachsen.
Derzeit gibt es immer noch viele Kriegsschauplätze auf der Welt. Ukraine, Israel und Sudan sind nur die prominentesten Namen. Daneben gibt es noch eine Vielzahl von Gebieten, die unmittelbar vor einem militärischen Konflikt stehen könnten. Das bekannteste Beispiel ist Taiwan. Für die Bevölkerung bedeutet das auch psychisches Leid und Stress.
Wo immer Krieg ist, leiden Kinder. Das macht mich traurig. Falls ich die Macht hätte, würde ich sofort alle Kriege beenden und die Leute zwingen, ihre Probleme mit Diplomatie zu lösen. Dass das möglich ist, steht fest; zumindest so lange man sich nicht an kriegerische Ideologien, Religionen und Werte klammert. Leider habe ich die Macht nicht und es gibt auch keine Macht auf der Erde, die das machen könnte. Gerade in letzter Zeit haben wir gemerkt, wie wenig die großen internationalen Organisationen fähig sind, Frieden zu stabilisieren oder Kriege einzufrieren.
Wir brauchen einen Grund, der stark genug ist, alles für den Frieden zu tun. Natürlich zählt dazu auch der Selbstschutz. Aber ich glaube, der ist allein nicht stark genug. Aber sich ein

Leben lang dem Frieden zum Wohl für die Kinder zu widmen, ist ein Grund, der das Potential hat, dauerhaft zu motivieren. Denn unsere Kinder sind etwas Wunderbares.

Die Kindheit ist heilig. Wir als Bewohner der Erde, aber auch als Mitglieder eines Volkes wissen das. Glückliche Kinder sind vielleicht das wichtigste Ziel.

Wer eine glückliche Kindheit hatte, kann das als Grund nehmen, sich für einen stabilen Frieden einzusetzen. Wer keine glückliche Kindheit hatte, kann das als Anlass nehmen, für die Kinder eine bessere Zukunft aufzubauen.

Wir brauchen den Frieden. Nur im Frieden können Jungen und Mädchen friedlich draußen spielen. Jeder gesunde Mensch, der sieht, wie die Jugend zufrieden und glücklich ist, spürt, wie diese Freude ihn auch glücklich macht. Ist das nicht wunderbar? Natürlich tun wir es für den Frieden, aber es hat auch einen tollen Kehreffekt für uns: Denn echtes Glück steckt an.

Empathie ist ein wichtiges Element einer friedlichen Gesellschaft. Das Gefühl für unsere Kinder ist eine Form von Empathie oder Mitgefühl. In der

Wissenschaft lassen sich beide Gefühle differenziert betrachten. Aber im praktischen Alltag macht es mehr Sinn, sie als bedeutungsgleich anzusehen. Wir Menschen müssen mit unseren Mitmenschen mitfühlen können, um psychisch gesund zu bleiben.

Wir brauchen einander. Ohne unsere Mitmenschen verkümmern wir wie eine Pflanze, die kein Wasser bekommt. Betrachten wir das vor dem Hintergrund der massiven Vereinsamung in den Städten, dann ist das eine soziale Katastrophe. Die Menschen leben nicht wie Ameisen, wie oft gesagt wird. Denn Ameisen stehen sich näher. Wir leben nur noch wie Fremde nebeneinander her, als ob wir verschiedene Spezies wären.

Wenn wir zulassen, dass unser Herz kalt wird, säen wir Krieg. Leider gibt es für diese Art Herz keine exakte wissenschaftliche Definition. Aber die brauchen wir auch nicht. Jeder Mensch weiß genau, was das Herz ist. Wir alle spüren unser Herz. Vielleicht ist es das, was uns wirklich menschlich macht. Angesichts dessen, was an schlimmen Kriegsverbrechen begangen wurde und wird, irritiert das zwar. Aber die Menschen, die ihr Herz betäubt haben, haben damit eben ein Stück ihrer

Menschlichkeit betäubt.

Es gibt einen Weg, im Einklang mit dem eigenen Herzen zu leben. Es nicht zu tun, wird schwerste, innere Schmerzen auslösen. Deshalb ist der Weg zum Frieden der Weg des Mitgefühls. Das ist ein guter Kompass. Wir öffnen unser Herz und laden die ganze Welt ein.

13

Frieden erscheint vor allem den Menschen im Krieg erstrebenswert. Bis vor kurzem fanden wir in der EU den Frieden selbstverständlich. Wir haben nicht daran gedacht, dass er wirklich wie ein Blitzkrieg wieder in die Mitte unseres Lebens kommen könnte. Ich selbst war ein Friedensaktivist, habe Friedenslieder gesungen und Texte über den Frieden veröffentlicht. Aber selbst ich war überrascht, als der Krieg in der Ukraine ausbrach.

Der Krieg kam zurück. Plötzlich gab es Propagandisten, die ein paar Länder weiter gefordert haben, dass Panzer in Deutschland einrollen oder russische Raketen einschlagen sollten. Zugleich haben diese Typen die Ukraine angegriffen und dort Massaker verübt.

Das hat uns alle kalt erwischt. Der Glaube, für immer in Frieden zu leben, ist gestorben.

Faktisch leben wir in Deutschland noch im Frieden. Nur unser Nachbarland Polen grenzt im Osten an ein Kriegsgebiet. Dennoch hat das alles unser Gefühl fundamental verändert. In den ersten Wochen nach Kriegsausbruch haben viele stundenlang vor TV oder Stream gehockt und sich die schockierenden Bilder angesehen. Raketen schlugen ein. In den Wohnblocks klafften riesige Löcher. Menschen versteckten sich in U-Bahnstationen, wenn der Luftalarm heulte. Zeitgleich trafen die ersten Züge mit Flüchtlingen ein und überschwemmten das Land. Das Neue an diesen Bildern war, dass sie nur einen Katzensprung von uns entfernt stattgefunden haben. Wir konnten den Krieg quasi riechen, so nah war er dran. Abgesehen von Jugoslawien -das quasi nur ein Bürgerkrieg war- hatten wir keinen Krieg mehr in Europa gehabt. Darum haben wir etwas sehr Wichtiges verloren, auch wenn der Krieg gar nicht bis zu uns gekommen ist.

Wir fühlen uns nicht mehr sicher. Ob man sicher ist oder nicht, ist sehr häufig weniger entscheidend, als ob man sich sicher fühlt. Dafür gibt es genügend Beispiele. Wir fühlen uns nicht mehr sicher. Das Gefühl des Krieges ist uns zum ersten Mal tief ins Mark gefahren. Zwar gibt es noch ein paar Überlebende aus der Weltkriegszeit. Aber für die meisten von uns ist das reale Gefühl des Krieges völlig neu.

Frieden heißt, sich sicher fühlen. Dieses Gefühl geht uns in Deutschland verloren. Es ist nicht nur der Krieg in der Ukraine. Es sind auch die islamistischen Messerangriffe, die zu einer Epidemie werden. Vor zehn Jahren waren das unvorstellbare Extreme. Die Menschen damals fühlten sich sicher. Aber dann kam Corona, dem folgte der Ukraine-Krieg und jetzt werden wir quasi wöchentlich und überall von muslimischen Terroristen bedroht. Wir fühlen uns nicht mehr sicher. Schon das allein ist ein Verlust von Frieden.

Frieden bedeutet Sicherheit. Natürlich bedeutet es auch Freiheit, die immer im Zusammenhang mit Sicherheit genannt wird. Der eiskalte Verlust unseres Sicherheitsgefühls ist ein Gradmesser für den Rückgang der Qualität unseres Friedenszustandes. Das ist definitiv ein faktischer Grad, kein emotionaler.

Denn das Gefühl des Friedens ist ein relevanter Aspekt des Friedens.

Aktuell ist das Sicherheitsgefühl verloren gegangen. Das ist schade. Unterm Strich waren es dreißig Jahre, in denen wir Europäer dieses Gefühl genießen konnten. Außerhalb unseres Kontinents war und ist dieses Gefühl noch immer der größte Luxus. Wir haben die Gangs in den USA und Mexiko. Wir haben die Kommunisten in China, Autokraten in Russland und der Türkei. Es gibt die Warlords in Afrika. Höchstens glückliche Regionen wie Island kennen es noch; zumindest wenn dort nicht gerade ein Vulkan ausbricht.

Wohlstand ist ebenso wie die Sicherheit ein Aspekt des Friedens. Kriegshetzer behaupten gern das Gegenteil. Hitlers Krieg diente zentral der Eroberung von Lebensraum. Das ist natürlich ein Asset oder ein finanzieller Aspekt. Aber wir wissen, wie das geendet ist. Deutschland war nach dem Krieg finanziell ruiniert. Es gibt natürlich noch ein weiteres Gegenargument. Das bezieht sich auf die Volatilität.

Volatilität bezieht sich auf die Schwankungen auf dem Markt. Jedem sollte logischerweise einleuchten, dass die ökonomischen Schwankungen im Krieg größer sind. Krieg ist Chaos pur. Daran ändern auch militärische Organisationen nichts. Alles, was feststeht, ob stabil oder geordnet, kommt durch den Krieg aus dem Gleichgewicht. Zwangsläufig bedeutet es nicht, dass alle Kurse einbrechen werden. Denn aufgrund der Kriegsproduktion schnellen sie oft erstmal stark in die Höhe. Die Regel sind eher Kursschwankungen und das hat natürlich einen Endeffekt: viele verlieren und einige wenige gewinnen dramatisch.

Wohlstand wird oft mit sozialem Frieden gleichgesetzt. Dem kann ich nicht widersprechen. Sobald die Wirtschaft in Schieflage kommt, wird es ungemütlich. Armut ist sozialer Sprengstoff. Aber wie kann es sein, dass es ökonomische Schwierigkeiten gibt, wenn ich sage, dass der Wohlstand ein Aspekt des Friedens ist? Nun, nur weil Frieden draufsteht, muss noch lange kein Frieden drin sein. Meiner Meinung nach ist der Hauptgrund Korruption. Sie kriecht wie ein Schimmelpilz in die freien Länder und vergiftet erst die Straßen und dann die Parlamente.

Ich brauche nicht zu fragen, ob du

reich sein willst? Die Antwort ist logisch. Wir reden in Deutschland nur nicht darüber. Reichtum ist verlockend und das ist auch okay. Genug zu essen, Klamotten, schönes Wohnen und Urlaub. Das ist toll. Ohne finanzielle Sorgen zu leben, ist eine der schönsten Sachen. Es heißt finanziell frei zu sein und es verhilft zum Frieden im Kopf.

Meine These geht in eine andere Richtung. Ich sage, dass echter Frieden Reichtum erzeugt. Im Umkehrschluss macht der Krieg arm. Unsere deutsche Vergangenheit beweist das ziemlich eindeutig. Wer also wirklich einen stabilen Wohlstand haben will, muss den Weg des Friedens gehen.

Viele Experten sagen, der Freihandel ist die beste Basis für eine prosperierende Wirtschaft. Das große Problem aus meiner Sicht ist, dass wir noch nie echten Freihandel gehabt haben. Es gab immer Akteure, die den Freihandel gestört haben. Persönlich ist die größte Einschränkung die Korruption. Sie ist es auch, die Länder in der Armut gefangen hält. Aber die Kräfte, die den Freihandel behinderten, waren auch staatliche Akteure wie Adel und Klerus. Daneben vergessen viele die nicht sichtbaren Akteure aus dem kriminellen Spektrum. Das sind organisierte Banden, die Schutzgeld erpressen, Menschenhandel betreiben oder im großen Stil Produktionsmittel stehlen. Dazu kommen natürlich die Linken, die stets gegen den Freihandel kämpfen, um ihre Planwirtschaft durchzusetzen. Zu letzteren muss man definitiv anmerken, dass mit dem großen Sprung nach vorn das schlimmste Wirtschaftsverbrechen der Geschichte von Linken begangen worden ist. Diese Kräfte verhindern seit über einem Jahrhundert, dass wir wirklich einmal herausfinden können, ob der Freihandel wirklich die Lösung ist und zu einer reichen und friedlichen Welt für alle führt.

Der Staat steckt leider viel zu tief in der Wirtschaft drin. Freihandel ist das nicht, und Statistiken zeigen, dass je mehr Staat in einem Unternehmen steckt, desto schlechter dieses wirtschaftet. Zugleich hält er jedoch soziale Standards ein. Auf diesen Punkt sollten wir genauer gucken. Denn es ist klar, dass die Arbeitsbedingungen in Kriegszeiten schlechter sind. Wir reden von Zwangsarbeit und Sprengstoff- und Bombenangriffen auf Produktionsstätten.

Die vielen Cyberangriffe sollten wir auch nicht vergessen.

Auch in Friedenszeiten sind leider die Arbeitsbedingungen nicht überall gleich. Wir springen hier wieder auf die Theorie der zweiten und dritten Ebene des Friedens. Auf der dritten Ebene des stabilen Friedens darf es keine Arbeitsbedingungen mehr geben, die Arbeitskräfte ausbeuten oder sie ungerecht verschleißen. Das ist keine Binsenweisheit. Wer tiefer in die wirtschaftliche Realität etwa der Bundesrepublik eintaucht, wird einige schlimme Zustände finden; selbst, wenn wir solche Dinge wie die Sexarbeit und andere halblegale Zustände ausklammern. Selbst dann finden wir viele Arbeitskräfte, die unter schlimmen Bedingungen arbeiten. Es beginnt bei ausländischen Putzkräften, geht über die Zustände in Krankenhäusern und Schulen und die Menschen, die dort arbeiten, bis zu den tausenden älteren Menschen, die nach vierzig Jahren Arbeit nicht von ihrer Rente leben können und weiter schuften.

So etwas darf es in einem stabilen Frieden nicht geben. Solche Zustände sind großer sozialer Sprengstoff. Schon kurzfristig können sie eine Region

politisch destabilisieren. In der
Konsequenz bedeutet es, dass wir alle
Faktoren identifizieren müssen, die das
Land wirtschaftlich destabilisieren
könnten.

Eine Wirtschaft, die frei und
nachhaltig agiert, kann langfristig
Wohlstand schaffen. Solange moralische
Standards gewährleistet sind, sind auch
sehr Reiche kein Problem. Und das ist
doch eigentlich das, was die breite
Mehrheit will: Eine solide Wirtschaft,
die jedem die Chance gibt, Reichtum zu
erlangen, aber die Gefahr aufhebt,
finanziell komplett zu scheitern.

Es spricht nichts dagegen, dass wir
zusammen wirtschaften. Wenn das unter
richtigen ethischen Rahmenbedingungen
geschieht, hat das gute Auswirkungen.
Daran glaube ich. Ich halte nichts von
naiven Pazifisten, die grundsätzlich
alles Wirtschaftliche ablehnen. Ohne
Wirtschaft ist es nicht möglich, ein
Land mit achtzig Millionen oder eine
Erde mit acht Milliarden Menschen zu
versorgen. Dafür brauchen wir die
Ökonomie und deshalb ist sie so extrem
überlebenswichtig.

Sicherheit und Wohlstand schwimmen im
Fahrwasser des Friedens mit. Es gibt
keine bessere Ursache für Sicherheit

und Wohlstand. Wer also wohlhabend und sicher leben will, hat keine Wahl, als den Frieden zu wählen. Sind das die einzigen positiven Wirkungen des Friedens? Nein. Die Liste an positiven Effekten ist lang. Einer der schönsten Effekte ist die Kultur.

Nur im Frieden kann die Kultur blühen. Ob mit Festivals, Galerien, Flashmobs oder legalen Flächen für Graffitis. Das Land blüht und es würde im Krieg nicht blühen. Das wissen wir Deutschen aus unserer Geschichte. Die Nazis haben viele Meisterwerke zur entarteten Kunst erklärt und verboten. Es gab sogar Bücherverbrennungen. Teilweise sind dabei die Werke einiger der besten deutschen Schriftsteller vernichtet worden. Traurig, aber das ist nur eine der vielen traurigen Episoden unserer Geschichte.

Kultur ist mehr als nur Kultur. Klingt sinnlos. Nein, denn der Kultur wohnt ein Potential inne, das man als Kraft zur Transformation betrachten könnte. Wieder werfen wir unseren Blick auf die Schwelle zwischen einem stabilen und instabilen Frieden; also das, was ich mit dem Friedensniveau zwei und drei umrissen habe. Es ist leider nicht möglich, einfach wie auf einer Leiter die nächste Sprosse zu besteigen. Es ist schwierig, denn die Welt, wie sie ist, ist nicht einfach so, wie sie ist. Die Welt, wie sie ist, ist so, wie sie ist, weil wir Menschen so sind, wie wir sind. Das so zu sagen, soll niemanden verwirren. Es ist einfach so. Unsere Gesellschaft ist nichts als das Abbild der in ihr lebenden Menschen. Was ist Frieden? Es ist eine Kultur. Wäre unsere Friedenskultur entwickelter, wäre logischerweise unser Frieden stabiler.

Die aktuellen Krisenherde liegen in China/Taiwan, dem Nahen Osten und der Ukraine. Gräbt man tiefer, findet man noch viele mehr, die es aber nur selten in die große Presse schaffen. Das sind kleinere militärische Konflikte und auch das organisierte Verbrechen. Die Ursache für diese Konflikte ist eine bestimmte Form von Kultur. Die Leute sind in ihren Kulturen gefangen und schaffen es nicht, sich über ihre Unzulänglichkeiten hinauszuentwickeln. Auf den ersten Blick vergleiche ich hier zwei verschiedene Formen von Kulturen. Zuerst meinte ich natürlich die Kulturformen wie Musik, Malerei oder die darstellenden Künste. Dann rede ich von nationalen Kulturen, die sich kriegerisch gegenüber stehen. Sind das zwei verschiedene Dinge? Auf keinen Fall sind sie das. Sie sind untrennbar verbunden. Denn woraus sich diese großen Cluster nationaler Kulturen konstruieren, ist ein Sammelsurium aus diesen anderen Kulturen. Die Menschen sind Musik, Malerei, Bilder, Filme, Tanz und Feiern. Das ist das wahre Menschliche und das sind die Bausteine, welche die nationalen Kulturen konstruieren. Deshalb ist der Weg zum Frieden ein Weg mit Musik, Tanz, Malerei und Schauspiel.

Musik verändert Menschen. Erst heute hatte ich ein anregendes Gespräch mit einer Kollegin. Sie erzählte mir mit glühenden Augen, wie tief sie der Klang eines Saxophons bewegt. Ist sie damit allein? Die Wahrheit ist, dass die Wirkung der Musik auf Menschen fast magisch ist. Ich glaube wirklich, dass die Musik das ist, was echter Magie am nächsten kommt. Wenn ich frage, was die Macht hätte, etwas in den verfeindeten nationalen Kulturen zu bewegen, was sie sich friedlich annähern lässt, dann ist es Musik.

Wir Deutschen und die Franzosen sind heute zum Glück Verbündete, nachdem wir uns in zwei Weltkriegen feindlich gegenübergestanden haben. Ich glaube, dass eine sich frei entfaltende Kultur dazu beigetragen hat. Musik spielt in unserer Welt eine sehr große Rolle. Besonders bei jungen Menschen ist die Bedeutung extrem. Seit Jahrhunderten wundern sich die Menschen, dass der Frieden nicht stabil ist. Philosophen, Politikerinnen und Wissenschaftler rätseln herum, warum der Frieden immer wieder kaputtgeht. Hier gebe ich eine simple Antwort. Sicher gibt es noch viele mehr. Auch ist diese Antwort allein nicht ausreichend. Aber die Kunst in ihrer Mannigfaltigkeit kann die Kultur transformieren und ein kulturelles Umfeld erzeugen, aus dem heraus ein echter stabiler Frieden eine logische Fortentwicklung ist.

Zeitgleich kann die Kunst wie ein Lauffeuer sich auf andere Gruppen ausbreiten. Sie ist im positiven Sinne ansteckend. Menschen tanzen gerne. Sie hören gerne Musik und lieben Bilder. Das gilt für alle geistig und emotional gesunden Menschen. Das verbindet uns und wenn man sich wirklich darauf einlässt, dann schweißt es zusammen. So wird verhindert, dass sich der Geist des Krieges wieder in unsere Mitte einschleichen kann.

Nehmen wir an, am Ende eines Krieges gelingt es einer politischen Macht, den Frieden wiederherzustellen. Zwar schweigen jetzt die Waffen und das Morden hört auf. Aber unter der Oberfläche gärt es noch immer. Die Menschen tragen noch die Trauer im Herzen, weil ihre Familienmitglieder ermordet worden sind. Bei einigen wird der Wunsch nach Rache immer stärker werden. Im ehemaligen Jugoslawien und im Nahen Osten sehen wir das.

Diese politische Macht war mächtig genug, die Waffen zum Schweigen zu bringen. Äußerlich läuft es auch. Die Wirtschaft wird angekurbelt, Kinder werden geboren und durchlaufen den Prozess vom Kindergarten bis zur Ausbildung. Diese politische Macht ist mit sich zufrieden, doch tut weiter nichts. Dann knallt es.

Erst ist es nur ein ganz kleiner Sprengstoffanschlag. Für die meisten kommt er ganz überraschend, aber die Expertinnen haben seit langem davor gewarnt. Niemand wollte ihnen glauben, denn es lief schließlich irgendwie gut. Dieser kleine Anschlag wird schnell vergessen. Er ist vielleicht nur eine traurige Ausnahme. Doch dann folgen die nächsten. Alle wissen, welche Gruppe dafür verantwortlich ist und sie wird diskriminiert. Das provoziert wiederum Gegenreaktionen. Es kommt zu offenen Angriffen aus der Gruppe, die den Anschlag verübt hat. Es trifft Frauen und Kinder. Man bewaffnet sich, bildet Bürgerwehren und baut massive geistige Blockaden. Die Situation fährt sich fest und erst jetzt wird der politischen Macht klar, dass es die ganze Zeit nicht so harmonisch war, wie sie geglaubt hatte. Doch es ist zu spät. Die Fronten sind verhärtet und alles, was sie noch tun kann, ist zu verhindern, dass es erneut zu einem Kriegsausbruch kommt.

Hätten die Verantwortlichen kurz nach dem Ende des Krieges viel Geld und Zeit in die Stiftung von Kulturzentren investiert, hätte es verhindert werden können. Dort hätte zusammenwachsen können, was vorher verfeindet war. Denn wie sonst soll der Krieg verhindert werden, als dadurch, dass Ressentiments und Gefühle der Fremdheit überwunden werden?

Ein Kulturzentrum ist nicht gleich ein gutes Kulturzentrum. Was wir oft haben, sind meist nur sozialpädagogische Einrichtungen. Die Sozialpädagogik ist fantastisch und ich finde, davon kann es nicht genug geben. Aber sie hat Grenzen. Egal, wie tief sie geht. Um die harten Ressentiments auflösen zu können, geht sie nicht tief genug. Aber Musik, Schriftstellerei, Malerei und Schauspiel können tief genug gehen.

Ein Land zu befrieden, aber nichts in Kultur zu investieren, ist faktisch suizidal. Diese Kultur hat den Krieg erschaffen. Anders gesagt, der Krieg war das Ergebnis des kulturellen Niveaus. Natürlich waren die alten Wikinger-Kulturen in Skandinavien viel kriegerischer als die netten Menschen in Skandinavien heute. Im Grunde sind das dieselben Menschen, aber sie unterscheiden sich in ihrem kulturellen Niveau. Bezogen auf den Frieden hat das nur bedingt etwas mit dem technischen Niveau zu tun. Das ist zwar fundamental prägend für eine Kultur. Und doch finden Entscheidungen über Krieg und Frieden auf einer anderen Ebene des menschlichen Lebens statt.

Musik geht so tief, dass sie Wunden heilen kann. Sie kann auf einer Ebene berühren, die von Natur aus die Fähigkeit zu einer Art erhabener Einsicht besitzt. Wer diese Tiefe erreicht, erkennt die Sinnlosigkeit in dem Gefühl der Rache. Er erkennt die

Mechanismen der grenzenlosen Habgier ganz automatisch und transzendiert ihre Mechanismen und macht sie obsolet. Wer diesen geistigen Reifegrad erlangt hat, für den verlieren alle Gründe für Rache, Gier und Gewalt ihre Bedeutung. Von dieser Einsicht ist es nur ein kleiner Schritt in den Frieden. Eine Welt, deren Bewohner alle diese geistige Reife erreicht haben, wird ganz automatisch einen sehr stabilen Frieden hervorbringen.

14

Es geht um die transformative Kraft. Das ist ein innerer und ein sozialer Prozess. Ich weiß, dass Veränderungen vielen Menschen Angst machen. Manche glauben, sie müssten sich aufgeben. Aber das stimmt so nicht. Veränderung ist das Wesen unseres menschlichen Lebens. Wir kommen als Babys auf die Welt und dann verändern wir uns. Wir sind ein pausenloser Strom des Wandels, bis uns die Zähne ausfallen und wir am Stock gehen.
Veränderung ist alles und das ändert sich nicht, wenn wir die Augen davor verschließen. Wir haben uns im Lauf der

Geschichte als Volk definitiv stark verändert. In den vergangenen Zeiten der Völkerwanderung waren wir ein wilder, kriegerischer Haufen. Heute sind wir ein sehr technisierter und zivilisierter Haufen. Perfekt sind wir noch immer nicht. Eine Menge Dinge müssen noch verbessert werden. Doch unterm Strich haben wir uns wirklich weiterentwickelt. Das war anstrengend und voller Wachstumsschmerzen. Auch heute ist dieser Prozess im Gange und wahrscheinlich wird er weitergehen, solange es unser Volk gibt.

Wenn ich von Transformation rede, dann rede ich von etwas Natürlichem. Wir können uns nicht zwischen Transformation und Nicht-Transformation entscheiden. Uns bleibt nur eine Wahl und das ist die Richtung der Transformation. Dieser Text gilt dem Frieden und deshalb ist klar, dass es mir um die Richtung geht, die zu mehr und zu einem stabileren Frieden führt.

Wenn ich so von der Richtung in den Frieden rede, dann könnte man denken, dass es auch keine Bewegung geben könnte. Aber das widerspricht der Realität. Wir bewegen uns immer. So etwas wie Stillstand gibt es in der Natur nicht. Was es gibt, sind Zeiten, in denen es sich schneller oder langsamer bewegt. Wenn wir Krieg und Frieden als zwei verschiedene Pole betrachten, dann bleibt immer nur die Wahl, ob wir uns auf den Krieg oder den Frieden zubewegen.

Mindestens seit drei Jahren bewegen wir uns unübersehbar auf den Krieg zu. Für unsere Region scheint es ein neuer Kalter Krieg zu werden. Das ist ein kleiner Trost. Doch wenn kein Wunder passiert, dann kommt der Eiserne Vorhang zurück. Das letzte Mal hat er vierzig Jahre gehalten. Das würde bedeuten, dass wir wieder einen Zustand einfrieren, der unmittelbar am Rand des Krieges steht.

In Wahrheit hat die Politik ein Jahrzehnt lang vor dem Ausbruch des Ukrainekriegs und den Spannungen im Nahen Osten und mit China versagt. Die Warnzeichen waren da; und wer den Aufstand auf dem Maidan und die Annexion der Krim verfolgt hatte, begreift, dass wir mehrere Jahre Zeit gehabt hätten, den innereuropäischen Krieg zu verhindern. Es bleibt ein politisches Versagen, weil wir nicht alle Segel in Richtung Frieden gedreht haben.

Musik kann auf tiefster Ebene berühren

und transformieren. Steht sie damit allein da? Natürlich nicht! Neben Kunst im Allgemeinen gibt es noch viele weitere. Eine ist die Philosophie. In diesen Zeiten gilt sie natürlich als zu kopflastig. Aber das stimmt nur teilweise. Denn viele Memes in den sozialen Medien und Kalendersprüche beweisen das anhaltende Interesse. Philosophie geht in die Tiefe. Ich weiß, das ist eine grobe Vereinfachung. Es reduziert eine geistige Kunst, die uns Menschen seit Jahrtausenden prägt, auf zwei Wörter. Doch es verdeutlicht die Richtung. Denn damit wir uns verändern können, müssen wir in uns reinschauen. Das gilt für jeden Einzelnen von uns und es gilt für uns als Volk. Deswegen betone ich, dass der Weg der Philosophie der Weg in die Tiefe ist.

Was macht die Philosophie? Sie denkt nach, analysiert, hinterfragt und dreht jeden Stein um. Klingt anstrengend. Ist es auch. Viele vergessen leider, dass tiefgründiges Nachdenken genauso funktioniert wie ein Work-out im Fitnessstudio. Ist jedes Nachdenken philosophieren? Definitiv nicht. Wer sich jeden Tag nur den Kopf darüber zerbricht, wie er seine Gewinnmarge erhöht, betreibt keine Philosophie. Zwar kann man auch die Wirtschaft philosophisch aufarbeiten. Das wird dann Wirtschaftsphilosophie genannt. Aber an sich geht es um etwas anderes.

Alles ist, wie es ist. Oder? Alles ist so, wie es erscheint. Wirklich? Ich hoffe, jeder von euch glaubt das nicht. Das zu glauben, wäre naiver Realismus. Was wir sehen, sind Konstrukte unseres Denkens. Aber es sind nie eins zu eins die Dinge an sich. Die Welt setzt sich aus Ebenen zusammen. Das sehen wir im Großen beginnend bei der Galaxie bis hin zu unserem kleinen Erdtrabanten. Innerhalb dieser Ebenen ist übrigens alles relativ und bedingt. Begriffe wie groß und klein verlieren außerhalb ihres Rahmens ihre Bedeutung. Denn unter den vielen Galaxien ist unsere Milchstraße nur eine von vielen.

Philosophie hat den Anspruch, sich in die Tiefe zu graben, um tiefere und damit höhere Wahrheiten zu finden. Denn die Philosophen glauben, dass höhere Wahrheiten mehr Potential besitzen. Damit könnte sich dann viel leichter ein dauerhafter Frieden aufbauen lassen. Das Zeitalter der Wissenschaft beweist, dass es so ist. Leute haben sich tief in ein Fachgebiet eingegraben und immer neue und tiefere Wahrheiten gefunden. Darauf aufbauend haben sie Technologien erfunden und Produkte erschaffen, und das hat unsere Welt verändert. Das ist genau der Weg, wie Philosophie unsere Welt friedlich transformieren könnte.

Freundschaften und Familienleben sind mindestens genauso pazifistisch transformativ wie die Philosophie. Leider werden gerade diese Dinge dieser Tage krass durch Social-Media gestört. Ich habe jetzt erst einmal nicht gesagt zerstört, obwohl viele von uns das Gefühl haben, dass Social-Media ein Killer für tiefgründige Beziehungen ist. Das ist nicht nur traurig. Für unsere Suche nach einem stabilen Frieden ist es wirklich ein Killer. Denn stimmt es, dass soziale Beziehungen ein zentraler Baustein des Friedens sind, bedeutet das, dass deren Zerstörung auch den Frieden zerstört. Werden Social-Media-Plattformen so zu Kriegstreibern?

Pauschalisieren darf ich das an dieser Stelle nicht. Das Ganze ist natürlich komplexer, obwohl das nichts am (derzeit desaströsen) Ergebnis ändert.

Ich war vor einiger Zeit in Afrika. Relativ gesehen ist dieses Land viel ärmer. Die Leute haben keine Kranken-, Arbeitslosen- oder Rentenversicherung. Oft haben sie nicht mal regelmäßig Strom oder fließend warmes Wasser. Aber sie haben sehr gut funktionierende soziale Beziehungen. Sie sind stark ritualisiert, teilweise sogar über Jahrhunderte tradiert. Es funktioniert. Die Leute helfen, sie unterstützen, sie wertschätzen sich und sie sind füreinander in einem Maß da, das ich nur noch aus den ältesten Tagen der DDR kenne. Ich beschreibe hier den Gegensatz von sozialem und finanziellem Reichtum; wobei letzterer bei uns seit Corona und dem schlimmen Ukrainekrieg für viele zehntausende Staatsangehörige weggefallen ist.

Wollen wir einen stabilen Frieden, dann müssen wir Zeit in die Qualität der zwischenmenschlichen Beziehungen investieren. Das ist meine These und es ist zugleich mein Fazit. Ich habe an dieser Stelle nichts gegen asketische Einsiedler, wie ihn Nietzsche im Zarathustra vorstellt. In Wahrheit sind solche Lebensmodelle die Ausnahme. Halt warte: Sie waren die Ausnahme. Solch ein Einsiedler war früher die Ausnahme. Heute sorgt die Anonymisierung in den Großstädten dafür, dass leider immer mehr Menschen sozial vereinsamen. Das ist traurig. Aber es ist zum Glück nicht unabänderlich, auch wenn das großes Engagement und Selbstkritik voraussetzt.

Die Familie galt lange als heilig. Dann kamen Libertäre und linke Subkulturen und haben sie als Modell zur Disposition gestellt. Viele Technokratien schlagen in die gleiche Kerbe. Mich macht das traurig. Ich wünschte, ich könnte dieses Heiligtum wieder errichten. Scheint das derzeit unmöglich, so bleibe ich ein Träumer.

Die Familie besitzt heilsame Kräfte. Den meisten von uns fallen zwar sofort Negativ-Beispiele ein. Das liegt daran, dass unser basales Steinzeitgehirn grundsätzlich immer zuerst die Gefahren sieht und es fallen ihm dazu pausenlos endlose Dramen ein. Angefangen beim emotionalen Missbrauch, über Gewalt bis hin zum echten sexuellen Missbrauch. Es stimmt, diese Fälle gibt es. Jeder Einzelne ist tragisch. Aber das ändert nichts an der Wahrheit der Heiligkeit der Familie.

Hätten wir eine weiterentwickelte Psychologie, dann glaube ich, würde sich eine Kausalität zwischen dem Zerfall der Familien und der Zunahme

von Therapien pro Person feststellen lassen. Familien haben das höchste Potential ohne äußere Methodik und Programme den Frieden hervorzubringen. Anders kann ich meine Ansicht über das Friedenspotential, das der Familie innewohnt, nicht beschreiben. Selbst die Philosophie ist ein Mechanismus, der von außen wirkt. Es gibt natürlich auch innere Kräfte der Transformation, wie Meditation und Kontemplation. Doch das, was in der Familie steckt, ist einzigartig. Auch wenn die Kritiker recht haben und es große Probleme geben kann. Dennoch und immer wieder: Wer etwas für den Frieden tun will und nicht weiß wie, sollte Zeit, Energie und vor allem Liebe, Harmonie und Verstehen in die Familien investieren.
Das Wort Freundschaft umschreibt eine positive zwischenmenschliche Beziehung. Wer darüber nachdenkt und es in Beziehung zu unserem Thema dem Frieden setzt, dem wird sofort klar werden: Frieden ist zuerst die friedliche Verbindung der Menschen. Was auf kleiner Ebene die Freundschaft ist, gilt synonym zu dem, was auf großer Ebene der Frieden ist. Das klingt unbedeutender, als es ist. Schauen wir auf die vielen gescheiterten Versuche,

Frieden zu schaffen. Sie haben tolle Programme vorgelegt, Geld reingepumpt, eine Infrastruktur aufgebaut und viele Waffenklassen verboten. Was sie nicht gemacht haben - zumindest kenne ich keinen Fall - ist aktiv, Freundschaften zu fördern.

Wie, wir sollen mit unserer Politik aktiv Freundschaften fördern?; das würden mich wahrscheinlich die meisten Politiker fragen. Insgeheim würde sie mich vielleicht sogar für verrückt halten. Ich meine das definitiv ernst. Wenn die Menschen freundschaftlich miteinander verbunden sind, dann bringen sie sich nicht um. Denn wer geistig gesund und/oder nicht demagogisch manipuliert worden ist, bringt seine Freunde nicht um. So einfach: Freundschaft einfach machen, Weltfrieden da! Aber Spaß beiseite; natürlich kann man die Qualität zwischenmenschlicher Beziehungen durch staatliche Eingriffe fördern. Das beginnt mit der Förderung prosozialer Vereine. Das gibt es auch heute schon, aber beschränkt sich vor allem auf die Jugendarbeit. Was nicht schlecht ist, aber eben nicht ausreicht. Wären die sozialen Bindungen besser, würden weniger Konflikte eskalieren. Darum muss man die aktive Förderung von echten Freundschaften zu einem festen Bestandteil der Tages- und Weltpolitik machen.

15

Es ist möglich! Auch wenn es auf der weltpolitischen Bühne nicht mehr so wirkt: Der Weltfrieden ist möglich. Es gibt Mittel und Wege, und es gibt Konzepte und Prinzipien, die zum Frieden führen. Diese Wahrheit sollten wir so laut raus in die Welt schreien wie möglich. Diese Welt braucht Hoffnung!
Nebel und Dunkelheit liegen über dem Land. Die Angst der Menschen ist spürbar wie nie. Solange ich lebe, war die Angst nicht so präsent. Zeitgleich wird die Schere zwischen den sozialen Schichten immer größer. Und das sorgt für Sprengstoff. Noch ist es kein echtes Problem. Denn die Lunte brennt noch nicht. Aber nach Pandemie, Krieg und Inflation ist fragwürdig, welcher Tropfen als Nächstes kommt und ob er das Fass zum Überlaufen bringen wird.
Diese Welt braucht ein Licht der Hoffnung. Am Ende kann das nur der

Frieden sein, wenn man begreift, dass er mehr als Waffenstillstand meint. Denn echter Frieden braucht Wohlstand, Sicherheit und Freiheit, um Frieden sein zu können. Erst mit diesen Aspekten wird es ernsthaft zu einem Frieden. Denn er ist mehr als das Ruhen der Waffen. Das darf man nie vergessen und das muss immer betont werden.

Wir Menschen brauchen ein Ziel. Ohne ein Ziel kommen wir morgens nicht mal aus dem Bett. Aber welches Ziel hat die Menschheit? Wohin rast unsere Gesellschaft? Diese Frage stellen wir uns viel zu selten. Es gibt keine Bewegung ohne ein Ziel. Aktuell kochen weltweit die Krisenherde. Neue militärische Fronten entstehen und alte werden wieder heiß. Nicht wenige, die dieser Tage an einen Flächenbrand glauben. Zudem wurde in den letzten Monaten so oft über den Atomkrieg geredet, wie seit Jahrzehnten nicht mehr. Tatsächlich sind es realistische Drohungen. Mehrere Staaten haben ihre Tests mit atomwaffenfähigen Raketen ausgedehnt.

Die Welt sieht schwarz. Die roten Warnsignale heulen. Sehr viele Menschen verlieren ihren Glauben. Das gilt für die Menschen in den Krisengebieten und es gilt jeden Tag mehr auch für den Rest der Welt. Denn wir alle haben Angst, dass der Krieg auch zu uns kommt. Ganz ehrlich; realistisch wäre es möglich.

Mir hilft es, zu wissen, dass es Wege zum Frieden gibt; obwohl dieser Tage alles den Bach runterzugehen scheint. Die Wirtschaft kriselt. Das Bildungs- und Gesundheitssystem scheint auf einen Kollaps zuzusteuern. Die Menschen haben so wenig, dass sie immer weniger Kinder kriegen. Soziale Spannungen führen zu einem Zerfall althergebrachter sozialer Konstrukte. In diesen Zeiten ist das Licht der Hoffnung alles, was bleibt.

Wir können unsere Kerzen anzünden und eine Menschenkette bilden. Jede Kerze der Hoffnung zündet eine weitere Kerze an, bis die Hoffnung wieder das stärkste Gefühl wird. Wir sind geprägt von einer Glocke der Depression, die überm Land hängt. Das nervt. Alle sind depressiv, ziehen einen Flunsch und verbreiten schlechte Stimmung.

Gute Laune kann mehr als nur aufheitern. Sie kann eine große Kraft erzeugen, die das Unmögliche möglich macht. Menschen, die glauben, können Berge versetzen. Positive Gefühle sind viel eher dazu fähig, einen Wandel zum

Besseren einzuleiten.

Der Glaube an den Weltfrieden sollte weltweit die Norm werden. Aktuell würde mich wahrscheinlich jeder für verrückt halten, wenn ich sage, dass der Weltfrieden möglich ist. Dennoch glaube ich daran. Ich weiß, dass ich damit nicht alleine bin und ich weiß auch, dass der Schritt dahin, dass alle Menschen an den Weltfrieden glauben, ein wichtiger Schritt auf dem Weg zum Weltfrieden ist.

16

Wir nähern uns dem Schluss dieser Ausführung für den Frieden. Zwei Dinge sollte jede:r mitnehmen. Zum Ersten ist der Weltfrieden möglich. Das möchte ich wirklich betonen. Er muss möglich sein, wenn wir es auf die richtige Art und Weise machen. Zweitens gibt es eine entscheidende Schwelle. Ist diese Schwelle überschritten, wird der Frieden stabil. Beides sind wesentliche Erkenntnisse.

Falls es keine nachhaltige Lösung für die weltweite Schieflage geben würde, wäre das traurig. Aber es gibt eine eindeutige Lösung. Sie lässt sich ganz einfach mit dem schönen Wort Frieden ausdrücken. Das Schöne ist, dass wenn er funktioniert und sich ausbreitet, er dann zum Weltfrieden wird. Wir haben eine Lösung. Das ist die Quintessenz, welche uns auch in den kältesten Kriegswintern warm halten kann.

Die magische Schwelle vom instabilen zum stabilen Frieden bleibt das Blitzlicht am Horizont. So schön die letzten Jahrzehnte waren und sie waren wirklich nah dran an einem stabilen Frieden; wahrscheinlich näher als jemals zuvor in der Geschichte unseres Landes. Das allein ist ein wunderbarer Meilenstein des Pazifismus. In diesen dunklen Tagen sollten wir auf das Positive zurückblicken, auch wenn die mangelnde Stabilität dieser Tage jetzt für jeden sichtbar geworden ist.

Wir sind in Gefahr. Zwei Länder weiter im Osten tobt ein schlimmer Krieg. Die Propagandisten des Kriegstreibers haben wiederholt unserem Land gedroht. Das eine Mal wollten sie uns annektieren, das andere Mal drohten sie damit, ihre Raketen auf unsere Städte zu schießen. Das macht Angst; vor allem wenn man sieht, wie einige Verrückte bei uns demonstrieren und die Fahne dieses Aggressors schwenken. Dazu kommen die pausenlosen Cyberattacken gegen unsere Infrastruktur und die Privatwirtschaft. Ich habe eine Schätzung gehört, dass die von diesem Aggressor gedeckten Cyberangriffe in den letzten Jahren bereits über zwei Milliarden Euro Schaden verursacht haben. Von den Medien wird dies alles unter dem Begriff der hybriden Kriegsführung zusammengefasst, wozu auch die Desinformationen oder anders gesagt Fake-News gehören, um unser Land politisch zu destabilisieren.

Wir befinden uns an der Schwelle zu einem neuen Kalten Krieg. Im ersten Kalten Krieg gab es neben der damaligen Art von hybrider Kriegsführung auch eine Vielzahl von schrecklichen Stellvertreterkriegen. Noch sind die Fronten nicht klar und noch gibt es eine kleine Hoffnung, dass es deeskaliert. Besonders bezogen auf Taiwan könnte eine nicht-militärische Gangart denkbar sein, vielleicht sogar ein Kompromiss, der die Situation dauerhaft entschärft. Solange noch Hoffnung besteht, sollten wir hoffen.

Weder der kalte Krieg noch der permanente Kriegszustand wie im Nahen Osten ändern etwas an unseren zwei pazifistischen Wahrheiten. Frieden ist möglich und wenn es Wege gibt, den Frieden in einer Region zu realisieren, dann muss es Wege geben, ihn weltweit zu realisieren. Nicht einmal der totale Krieg, den Goebbels im Sportpalast ausgerufen hatte, könnte daran etwas ändern.

Auch ein stabiler Frieden dessen, was ich als drittes Level definiert habe, kann nicht für immer bestehen. Es gibt in der Konstitution unseres Universums nichts Unvergängliches. Dennoch gibt es im relativen Sinne stabile Zustände. Deshalb muss es auch wirklich stabile Friedenszustände geben. Leider konnte ich in der Geschichte unseres Planeten in den letzten zweihundert Jahren keine Region und auch keinen Zeitabschnitt finden, an dem ein ernsthaft stabiler Frieden erreicht worden ist. Dieser Realität müssen wir ins Auge blicken.

Jede:r muss für sich selbst entscheiden, ob er daran glaubt, dass dieses dritte Level des Friedens erreichbar wäre oder nicht. Theoretisch ist es das zweifelsfrei. Aber ich will bewusst nicht auf das Theoretische hinaus. Theorie ist schön, aber nur weil es eine schöne Theorie gibt, hat das noch lange nichts mit dem echten Leben zu tun. Doch der Frieden ist nur der Frieden, wenn er ein Bestandteil des Lebens ist.

Ich habe mich entschieden, dass es möglich sein muss. Ein stabiler Frieden, der nicht durch äußere und innere Kräfte destabilisiert werden kann, ist machbar. Selbst wenn es dafür bisher keinen empirischen Beweis gibt, so gibt es zweifelsfrei die Evolution. Zwar wird auch das noch von einigen Monotheisten geleugnet. Aber zugleich sind die Beweise für die Evolution so eindeutig, dass man schon einen verminderten Intellekt haben oder ein Fanatiker sein muss, um an der Evolution zu zweifeln. Weil es die Evolution gibt, muss es möglich sein, dass wir alle Bedingungen schaffen, um einen stabilen Frieden zu erschaffen.

17

Am Ende bleibt mir nur der Appell. Es ist noch nicht zu spät, den nächsten Krieg zu verhindern. Das ist weder eine Binsenweisheit, noch ist es lapidar dahingesagt. Das ist eiskalte Realität. Falls auch du nicht glaubst, dass unser Frieden stabil ist, dann bedeutet das, dass du es für wahrscheinlich hältst, dass irgendwann wieder Krieg bei uns ausbrechen könnte.

Zwei Länder weiter schlagen die Raketen ein und werden die Landstriche vermint. So nah waren wir dem Krieg seit fünfzig Jahren nicht mehr. Dennoch glaube ich nicht, dass er bis zu uns herüberschwappen wird. Denn unser militärischer Bund ist zu mächtig. Das ist gut. Auch wenn ich theoretisch militärische Abschreckung nicht schön finde. In der Praxis ist sie extrem wichtig.

In den Schulen wird Geschichte oft als eine Aneinanderreihung von Kriegen gelehrt. Über den Sinn dieser Ausrichtung ließe sich streiten, es zeigt jedoch, wie einschneidend der Krieg im Leben der Menschen ist. Statistisch gesehen, müssen wir davon ausgehen, dass früher oder später wieder Krieg bei uns ausbrechen wird. Das ist ein statistisch zu erwartendes Ereignis, solange wir nichts dagegen tun.

Wir rasen in die Zukunft. Das Steuer liegt in unseren Händen. Drehen wir das Lenkrad in Richtung Frieden oder nicht? Fakt ist: Jede Richtung, die nicht dezidiert auf den Frieden zusteuert, steuert auf den Nicht-Frieden zu. Wir müssen endlich aufwachen und alles in Richtung Frieden tun.

Natürlich sind das auch das Singen von Friedensliedern, das Lernen von pazifistischen Redetechniken und Friedensfeste. Doch es geht vor allem darum, soziokulturell, ökonomisch und ökologisch die Menschen glücklich zu machen. Denn diese drei Dimensionen sind für den Frieden in einer Gesellschaft zentral. Wenn diese drei Dimensionen stimmen, dann ist das die beste Basis für einen über die Landesgrenzen hinausreichenden Frieden.

Actionfilme streamen, Ego-Shooter zocken, schminken, botoxen, saufen, Technofestivals, shoppen, Tourismus und chillen sind keine Dinge, die uns in einen sicheren Frieden steuern. Natürlich sind das die Dinge, die die Mehrheit der Bevölkerung im letzten Jahrzehnt getan hat. Vielleicht ist deshalb die europäische Friedensordnung zusammengefallen wie ein Kartenhaus. Hätte die Mehrheit unseres Volkes in dieser Zeit stattdessen bewusst etwas für den Frieden getan, hätten wir heute vielleicht keine Inflation, keine Welle an Insolvenzen, kein zerrissenes Volk und keine militärische Aufrüstung; und vielleicht gäbe es keinen Konflikt mit

Russland.

Jeder von uns ist verantwortlich. Zwar sind wir nicht dafür verantwortlich, wie die Welt ist. Aber wir sind dafür verantwortlich, dass die Welt nicht so bleibt, wie sie ist. Es muss besser werden! Wer außer dir soll das möglich machen? Erst wenn du und ich; wir alle aufstehen und unseren Alltag zu einer Friedenspraxis machen, werden wir unserer Verantwortung gerecht. Die Zeit für den Frieden ist jetzt!